全国小学生校园美文精品集萃丛

七色阳光
小少年

蒲公英的约定

《语文报》编写组 编

时代文艺出版社

图书在版编目（CIP）数据

蒲公英的约定 /《语文报》编写组编 . —长春：时代文艺出版社，2018.8（2023.6重印）

（"七色阳光小少年"全国小学生校园美文精品集萃丛书）

ISBN 978-7-5387-5836-8

Ⅰ. ①蒲… Ⅱ. ①语… Ⅲ. ①作文－小学－选集 Ⅳ. ①H194.4

中国版本图书馆CIP数据核字（2018）第107950号

出 品 人　陈　琛
产品总监　郭力家
责任编辑　王　峰
助理编辑　史　航
装帧设计　孙　利
排版制作　隋淑凤

蒲公英的约定

《语文报》编写组 编

出版发行 / 时代文艺出版社
地址 / 长春市福祉大路5788号　龙腾国际大厦A座15层　邮编 / 130118
总编办 / 0431-81629751　发行部 / 0431-81629758
官方微博 / weibo.com / tlapress
印刷 / 北京一鑫印务有限责任公司
开本 / 700mm×980mm　1 / 16　字数 / 153千字　印张 / 11
版次 / 2018年8月第1版　印次 / 2023年6月第5次印刷　定价 / 34.80元

图书如有印装错误　请寄回印厂调换

编 委 会

主　　编：刘应伦
编　　委：刘应伦　赵　静　李音霞
　　　　　郭　斐　刘瑞霞　王素红
　　　　　金星闪　周　起　华晓隽
　　　　　何发祥　朱晓东　陈　颖
　　　　　段岩霞　刘学强

本册主编：张晓红　雷泽萍
副 主 编：周　艳　周金林

目 录

001

我是一粒莲籽

走进秘密乐园

棉花糖变形记

金色的蔷薇

陪你一起走天涯

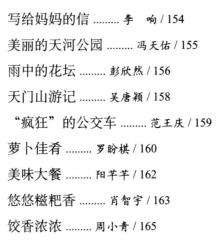

铃儿响叮当

在我弯腰插秧的一瞬间，我突然发现微波粼粼的水面上有一个影子。我打算用脚去踩，可是踩了几次都没有踩到。刚准备转身离开，谁知一不小心，竟一屁股坐到了泥田里，洁白的裤子被染成了泥巴的颜色。

我的红陀螺

姚谢奇

小时候我最迷恋的就是陀螺。它总能带着我的心一起转，有个好陀螺，真是太幸福了。

"小奇！快帮我买四斤面粉去。"妈妈喊我，正在玩玩具的我极不情愿，但也只好动身。

攥着钱跑到超市。刚进去，门口低价车上一大堆花花绿绿的玩具就吸引了我。

"八折！"我凑上去，在琳琅满目的玩具中，一眼就看中了一只火红的陀螺。它安静地睡在一个透明的盒子里，三片风轮展开，好精致。我似乎能看见它像一团火焰般旋转，迸溅出金光，实在太迷人了！

我捧着它爱不释手，买吧，面粉钱就不够了。我叹了口气放下陀螺。不！八折呢！这种陀螺在学校旁边的商店比它贵许多，看着也不如它漂亮。机不可失，不想那么多，买了！我豪气地买下陀螺，一手捧陀螺一手拎着两斤面粉走回家。

一路上，我举起拿陀螺的手，看着陀螺边走边笑，想着明天拿着它在小伙伴们面前飞转的美妙就来劲！那可是要受羡慕，大出风头的。

受不了了，我可爱的红陀螺！我拿指甲细细抠开它的包装壳，再用一只手指慢慢地往里探。手指尖传来一种金属的质感：凉凉硬硬的，那是真正的好质量，它会转得飞快如风，嗖嗖直响！

我用手指继续往里剥，旁边横卧着的就是能拉动它旋转的长长的鞭杆，如一条蜿蜒的长蛇守护着陀螺。鞭杆浑身长满巨齿，很有力量。锯齿舔着手指，我一个一个挨着去摸。包装盒被我抠得越来越大，我越摸越过瘾。

"嘶！"陀螺从拉开的口子里掉了下来，几乎是一种本能，我伸出拎着面粉袋的手就去抢，面袋一晃荡，"啪"地掉在地上！面粉袋炸开，面粉像放烟幕弹一样扑腾出来，染白了地面，而我的红陀螺正好落在了面粉上，沾上了白霜。

苦着脸捡起我的红陀螺回家，自然是被妈妈一顿好骂。

解气的恶作剧

刘雪婷

记得有一年，小舅舅在我家里玩，他大我不过两岁，很喜欢恶作剧，不是在我的书包放条假蛇，就是在我的书中藏我最怕的鬼照片。更难以接受的是，他竟然在我的房门上藏了一袋面粉，我推门而入，"哗"的一下，我便成了"雪娃娃"，只剩下两只眼睛在不停地眨。

自那一次后，我一直怀恨在心，决心一定要借机"报复"。没想到这个机会很快就来了。

有一天，他被我阿姨叫出去买东西，正好，我的好姐妹邓佩云来找我玩。机不可失，我原原本本地把我的想法和盘托出。末了，我还恶狠狠地说："我一定要以其人之道还治其人之身，我一个人不行，所以需要你的帮助。"

"好吧，话已至此，不帮你肯定不行啦，你准备怎么治他，只是别太出格哟！"

我挠着头想了一会儿，对邓佩云说："这次我们不用面粉了，我们用水攻。"于是我们迅速行动。我们抬来一个大盆子，放在舅舅房间的门上。但盆子太大了，一放上去就掉下来。我们扶着盆子一筹莫展。邓佩云突然有了主意，在我耳边耳语了一番。我豁然开朗，这是个办法。我们将盆子中的水倒入一个塑料袋，打个活结，将舅舅房间的门半掩着，我们俩坐在沙发上，假装看电视，满怀期待地守候着，同时小心脏也"扑通扑通"地跳着，我第一次觉得时间过得太慢了。

终于，小舅舅推门而入，向他的房间走去，我一脸严肃地说："莫进，门内有蹊跷。"小舅舅对我们做了个鬼脸，置之不理，径直推门而入，"啪"的一声，瞬间，小舅舅成了落汤鸡。

"啊……"他杀猪般地叫着。

他怒气冲冲地向我们冲过来："你……你……你们你们！"

我却像没事似的，作惋惜状："唉，有一句话怎么说来着？不听安安言，吃亏在眼前！"说完，留下那已经成为落汤鸡的小舅舅一个人在客厅中哭笑不得。我带着好朋友早已躲进我的房间里。

房内，我们俩捧腹大笑："这多日的'仇'终于报了，真解气！"

雨　天

陈石康

乌云密布，天阴沉沉的。屋子里的空气紧张得要滴水。

"你怎么只考了46分？"爸爸指着小刚的试卷，怒气冲冲。试卷上血红的叉叉张牙舞爪。

小刚吓得大气不敢出，等待他的将是一场暴风骤雨。

"天天跟你说，要你好好搞学习，你不听，一天到晚昏昏欲睡的，看来今天不动家法你是不知道醒了！"爸爸一面说，一面四处寻找着什么。

小刚吓得如一只小兔子，缩在一角瑟瑟发抖，眼睛不敢朝爸爸看。

爸爸操起一根竹片朝小刚的屁股打去。"啪！啪！"

"呜……呜……"小刚低声呜咽。

"哭有个屁用，每次考试都不及格，次次都是全班倒数，你叫我这张脸往哪儿搁？"爸爸气紫了脸，一把丢了棍子，直接用手打在小刚脸上，"你什么时候才懂事？"

"呜……我们班最后一名小林都没挨打，他妈妈还跟他轻声说话，告诉他卷子怎么做。"小刚忍不住分辩着。

"你……"爸爸咬着牙，脸色铁青。

窗外，吹起一阵冷风，小刚不由得哆嗦起来。

"你还有理了？"妈妈从房间里一个箭步冲出来，"我们哪一回不支持你搞学习？到处补习，天天给你买资料，你还要怎么样？那么多钱都搭在你身上了，你不争气，倒怪我们？"说着，朝着小刚的背部狠拍了一下。

小刚不再出声，只觉得万箭穿心。原指望妈妈能出来安慰安慰他，不承想还和着爸爸来了个双夹攻。妈妈还在说着什么，小刚已经听不清了。泪水滴落下来，他只能在心里暗恨自己不争气。

"滴滴答答……"屋外下起了雨。

铃儿响叮当

刘　宜

"叮叮当，叮叮当，铃儿响叮当……"妈妈总是唱着这首歌哄我入睡，这首歌陪着我长大。

我很喜欢安徒生的童话故事，常常缠着妈妈讲给我听，妈妈总是对我说："等你学会了拼音，我就给你买一本既有拼音，又有插图的安徒生童话书。"

"妈妈不许骗人哦，骗人是小狗。"

"拉钩。"我和妈妈同时伸出了大手和小手。

我努力地学习拼音，不知不觉我已忘了与妈妈的约定。

烈日里，我跟着奶奶来到秧田边。奶奶脱掉鞋子，卷起裤角，然

后用两只手提着两三捆秧苗，就下田干活了。我戴着小草帽，在田埂上奔跑玩耍。

太阳越来越毒，我按照奶奶的吩咐，到树荫底下乘凉，不一会儿，我就觉得无聊了。我又来到秧田边，奶奶布满皱纹的脸上被太阳晒得通红，那宽大的脸颊早已布满了密密麻麻的汗珠。"奶奶，我来帮你吧。"我嘴上说是想帮忙，其实是想下田玩一玩。没等奶奶同意，我就学着奶奶的样子走下秧田，笨手笨脚地在泥田里走着。

在我弯腰插秧的一瞬间，我突然发现微波粼粼的水面上有一个影子。我打算用脚去踩，可是踩了几次都没有踩到。刚准备转身离开，谁知竟一不小心，一屁股坐到了泥田里，洁白的裤子被染成了泥巴的颜色。奶奶见状大声呵斥道："看看你裤子，小心你妈打你。赶紧上去。"我只好无奈地回到田埂上。

这时，妈妈来了，我怯生生地不敢靠近她。妈妈拿着一本厚厚的书朝我走来，她没有责怪我弄脏衣服，高兴地说："你看，你最喜爱的童话书。"我感到既惊又喜，就去接童话书。妈妈帮我揩净手上的泥巴，她看到我高兴，自己也露出了会心的笑。一会儿，妈妈也下田插秧了。我坐在田埂上，高兴地翻着童话书，夕阳下我的影子被黄昏无限拉长。

007

秧插完了，我们准备回家。我合上童话书，发现童话书的一角被泥污染了，出于对童话书的热爱，我把它在稻田里洗了洗，妈妈见状，赶忙抢过童话书："你在干什么？""书脏了，我洗洗。""书是不能洗的，再说你洗也不应该在泥田里洗呀，只会越洗越脏，你看，这书就这么毁了。"妈妈翻开书，书页已凌乱不堪，我的眼泪在眼眶里打转。回家的路上，我闷闷不乐地走在前面，回到家时夜幕已降临。

月亮镶嵌在黑色天空上，调皮的萤火虫在空中嬉戏，妈妈走过来摸着我的头。月光洒在我和妈妈的头发上，月光下，妈妈的脸是慈爱的。看着我难过的样子，她突然眼前一亮，"孩子，别难过了，我给你一个好东西。能帮你找回新的童话书。"

"什么好东西？"

妈妈取下她一个钥匙环上的一个铃铛，递给我，"这铃铛能许愿，但只能许一个愿，许完愿后把铃铛放在床头，明天早上醒来愿望就能实现。"我笑着接过铃铛，将它小心翼翼地捧在手心里。洗完澡，我爬上床捧着铃铛，我许了个愿，小心翼翼地将它放在床头，还给它盖上我的小被子。我带着美好的愿望入梦了。

第二早上，果然有本童话书出现在我的床头，童话书上还有一个用木头做的音乐盒，上面刻着米老鼠。我抱着童话书和米老鼠，跑向妈妈的房间："妈妈，我的愿望真的实现了，还有这个。"

"那是音乐盒。"

"音乐盒？太好了。"我一蹦一跳地跑进房间，按了一下音乐盒，里面传来我熟悉的旋律："叮叮当，叮叮当，铃儿响叮当……"

童年是快乐的，那曾捧在手里爱不释手的童话书，那熟悉的旋律，都留在了我美好纯真的童年里。

我为爸爸化妆

邓清阳

小时候，我有些与众不同，虽为男孩儿，我却对妈妈的化妆品情有独钟，所以一有机会呀，我就喜欢倒腾妈妈的那些化妆品。

一天中午，爸爸在客厅的沙发上睡午觉，我非常无聊，爸爸午觉期间我是不能放电视的。我就在家里东转转，西游游，不知不觉我又来到了妈妈的化妆台前。看着妈妈的那些化妆品，一个念头闪电般掠过我的脑海，嗨，我何不来给爸爸化个妆。不过，我想和妈妈共同进行这次创意活动。

我悄悄地来到厨房，找到正在忙碌的妈妈，把我的想法告诉了妈妈。妈妈听了之后，轻轻地敲了一下我的脑袋："你也太调皮了吧，我是不会帮你的，你还是另请高明吧。"

我装出一副可怜的样子，不停地摇着妈妈的手臂，软磨硬拽："求求你了，求求你了，妈妈，你就帮帮我吧！"

"好吧，到时，你爸爸怪罪起来，你可不能说是我干的哈。"

"还是我妈最亲哟。"我一边给妈送去一个飞吻，一边蹑手蹑脚地溜回房间拿化妆品。

于是我便和妈妈蹲到爸爸睡觉的沙发前，开始给爸爸化妆了。妈妈负责描画，我在一旁一会儿拿粉饼，一会儿递眉笔，一会呈上胭脂，一会儿又双手奉上口红……看着爸爸的脸：浓黑的眉毛，鲜红的嘴唇，黑里透红的国字脸……我和妈妈都忍不住相视一笑。

"眼影，眼影，还有眼影……"妈妈小声地催促。

"嘭"的一声，我一不小心把眼影盒碰到了地上，爸爸则慢慢地睁开双眼，我和妈妈飞快地藏起手里的行头，爸爸则一头雾水地看着我们。看着爸爸的脸，我和妈妈同时"哈哈哈……"大笑起来。爸爸抬头望着我们继续追问："你们在这干什么？"

"没，没干什么。"我和妈妈早已笑得说不出话来了。

似乎有所察觉的爸爸来到镜子前，看着镜中的自己，爸爸半怒半嗔地对我嚷着："准是你这臭小子干的。"

"冤枉啊，是妈妈干的！"我大声诡辩。

"就算是你妈妈干的，也绝对是你出的主意。"

接下来，屋里便传来了我的"惨叫"。

"哈哈哈……"我家传出阵阵笑声。

那 一 次

舒思童

还记得，那一次的记忆，让我难以忘怀；还记得，那一次的教训，让我记忆犹新。在我的记忆长河中，有太多太多的童年趣事让我印象深刻，但至今，一想起那一次，我心中便有一股暖流在洋溢。

还记得当时我五岁，在一个阳光明媚的下午，爸爸妈妈有事外出，只有我一个人在家。小时候的我好奇心特别强，我在家闲得发慌，就打开电视看了起来。

当我打开综艺节目，看见眼前的一幕，不禁打了个寒战。映入眼帘的是一位三十二岁的美国女选手在挑战吉利斯世界纪录。规则是在三分钟内踩着啤酒瓶上面的鸡蛋走到对岸。只见她深吸一口气，一只脚踩在了鸡蛋上，另一只脚又迅速地踩上了第二个鸡蛋。我以为鸡蛋一定会碎的，担心得用手遮住了眼。当我慢慢地移开双手时，才发现鸡蛋并没有碎，啤酒瓶也没怎么摇晃，我佩服极了。突然，一个念头在我脑海中闪现，我也想试一试。

于是，我从厨房找出四个啤酒瓶，然后踮起脚在冰箱里拿了四个鸡蛋，接着我把啤酒瓶一一摆在地板上，最后把四个鸡蛋摆在酒瓶上。学着那位美国选手深吸一口气，把稚嫩的小脚搭在鸡蛋上，又迅速地把另一只脚放上去。我本以为自己也可以像那位美国选手一样，但结果并不理想。两个啤酒瓶摇晃得非常厉害，最后啤酒瓶和鸡蛋全部破碎在地，我重重地摔到了地上。那浓浓的蛋液沾在我的脚上，还有那啤酒瓶已经"嘭嘭嘭"地变成了碎片。我爬起来，一脚踩到了碎玻璃上，一阵钻心的疼，瞬间一股鲜血汩汩流出……

那一次，我记忆深刻，那个伤疤，至今看到虽然还让我内心隐隐作痛，但它已留驻在我的记忆长河里。

抓 月 亮

李恒骏

每当我看到家里的大水缸时，就会情不自禁地笑起来。那是小时候的事了……

一天晚上，我和伙伴们在玩捉迷藏。我躲进家里的院子，无意间看到一个月亮躲在大水缸里，就赶紧叫来小伙伴："快来看呀，大月亮在水缸里躲着呢！""来了！"大家异口同声道。"我来抓住它！"隔壁小胖把手放在水缸里搅来搅去，可是怎么也抓不到，反而溅了一身水。"算了，我们玩些游戏，月亮一个人很闷，她自然就出来了！"一个人道。"好主意！"我应道。

我们一起玩"木头人"的游戏，大家玩得不亦乐乎。可月亮就是不出来，仿佛知道我们在气她似的。"我有办法！"我兴奋地大叫，"我们在水缸周围说些话，它的耳朵听麻了，自然会叫我们不吵了。""不行，对月亮姐姐要讲礼貌呀！""机灵鬼"阻拦道。"只有这个办法呀！还有什么办法吗？"我辩道。最后大家都赞同我的观点。"@#*……"大家讲了许多话，可是月亮姐姐仿佛戴了耳机似的，理也不理睬我们。

"有了，我们用盒子把她套住，明天早上再来玩！"机灵鬼叫道。"这主意好！"我恍然大悟，迅速拿了个脸盆把她盖住，然后我们蹦跳着各回各家。晚上我还做了一个梦，梦里我们和月亮姐姐一起玩……

第二天早上，我奔下床，直接跑到水缸边，打开脸盆一看，咦？月亮姐姐不见了！我问妈妈，妈妈说昨天看到的月亮是她的影子。但我还是相信我自己，月亮姐姐一定是失踪了。可是，一到晚上就又能看到她了。

现在我长大了，知道了原因。可每当我看到那个大水缸时，就会情不自禁地笑起来。

抗笑大赛

李仁博

"哈哈哈……"这是从蒲公英C教室里传来的阵阵笑声。原来，是我们四年级阅读作文班在举行抗笑大赛呢。

老师把我们分成"战狼队"和"车神队"以后，比赛就开始了。

首先，是车神队的雷睿阳登场，真没想到，老师一宣布"比赛开始"，她就忍不住哈哈大笑起来，她取得了"惊人"的成绩3.98秒。

轮到我们战狼队的熊翌晓上场了，她紧锁双眉，微张小嘴，用看似严肃的双眼躲避着同学们的目光，头在不停地晃动……她坚持到最后，得了个满分60秒。

下一个上场的是车神队的王一安，她一脸严肃，一动不动地站在台上，我们队的成员做着各种鬼脸逗她笑，她双眼茫然地看着我们。好可惜，我们失败了。她又顺利闯关。

最幽默搞笑的就是我们队的文怀宇了。只见他两眼微微地闭着，好像要睡着了似的。又过了几秒，他睁开了眼睛，为了不让自己笑，他鼓起了腮帮子，厚厚的嘴唇一抿一抿的，口水都快喷出来了。对方队员继续在搞怪逗他笑，我担心他会笑出来，不出所料，他"噗噗噗"地笑了起来。

轮到我啦，我的小心脏"咚咚咚"地跳个不停，我咬紧牙关，但又忍不住地笑了起来，唉，我只坚持了13.71秒。

"哈哈哈……""抗笑大赛"就这样在我们的欢声笑语中结束了。

一个深深的套路

覃悦宸

大家都说老师套路深，我不相信，可是今天我就被老师的套路害了。

今天王老师跟我们提出三个建议：一是写作文，二是看书讲书，三是玩游戏。我们都抢着说玩游戏。

游戏开始了，我们被分成两组。老师在黑板上画了一个圆，中间画了一条竖线将黑板分为两块，我们直纳闷，只听老师说："双方在五分钟之内写出形状像圆或是圆的物体，多的取胜。"话音刚落，我和对手章作铭一个箭步冲上讲台，我们像饿虎扑食一般瞪大眼睛看向对方，生怕对方在老师下令前动手，章作铭已经偷偷摸摸地拿了一根粉笔握在手中。

"开始！"老师一声令下，我箭一般地冲向黑板，狂乱地在黑板上写了两个像圆的词语。完了！与圆有关的物体的词语不会写了。哎呀，书到用时方恨少，我得改变策略。我把粉笔递给了汤孜怡，便像老鼠寻找奶酪一样在教室里寻找像圆一样的物体。啊，找到了，时钟，杯盖……我狂喜不已，急急地向组长报告。

014

最终我们赢了。可是我们还是迎来了最不想迎来的结局：一写作文，二还是写作文，三是开心五分钟，痛苦一小时。

唉，还是老师的套路深，老师的套路堪比无底洞啊。

菊　花　茶

郝昕宇

外面的天气又热又干，蒲公英绘本馆的张老师，正在给我们上一节有趣的作文课呢。

刚一下课，张老师就泡了一杯美味的菊花茶。她轻轻地拿起水杯，熟练地扭开杯盖。哇！看着老师的样子，菊花茶是不是散发出了一股淡淡的清香？只见杯中美丽的菊花上下浮动，让人看着就想喝。张老师凑近了杯口，先嗅了嗅，又"呼呼呼"地吹了两口冷气，待茶冷却后，喝上一大口，接着水在张老师嘴里"咕噜咕噜"地转动，她的腮帮子好像装了一只淘气的"小青蛙"，"小青蛙"在张老师的腮帮子里吹泡泡呢！真有意思！

不一会儿，张老师杯子里的菊花茶就见底了，张老师高兴地说："这菊花茶真好喝呀！你们想喝吗？"

看着张老师享受的样儿，我也想凑上去喝几口甘甜的菊花茶呀！

雾霾受审记

赵思源

3月12日是植树节，有很多人到环保大法庭状告雾霾。

原告有小溪、森林、草原，还有小学生、司机、老人等。

法官敲响法槌大声地说："审判开始！请原告陈述理由。"

老人清了清嗓子说："我老了，抵抗力差了，不过我的身体还好。可是，自从雾霾来了之后，我的病就越来越多了，再这样卜去我的老命就不保了，求法官大人想想办法。"

"是啊，是啊！"小学生扯着嗓子喊，"以前天蓝蓝的，我每天都快快乐乐地上学，可是雾霾来了之后，大白天跟大晚上一样，我每天还要戴口罩，下课了还不能出去玩，室外体育课也取消了，我在教室里都快闷死了，法官大人，你应该把雾霾抓起来。"

这时，司机垂头丧气地说："以前，我的乘客很多，雾霾来之后，我的乘客也少了，收入也少了，我还有几次因为看不清路况而差点儿撞车了，再这样下去，我养家糊口都难了。请法官大人把雾霾赶出去。"

听完陈述，法官大人大声问雾霾："你服罪吗？"

"我服罪，"雾霾有些不满地说，"可是，这都是人类造成的呀。"

最后，法官大人严肃地说："雾霾从哪里来回哪里去，人类应该保护环境，保护我们的家——地球。审判结束，退庭！"

蜈蚣买鞋

张一凡

今天，小蜈蚣到森林里去玩，到了小熊家。小熊穿着一双五颜六色的鞋走了出来，一跺脚，就发出一连串"当当当"的声音。小蜈蚣看着小熊得意的样子羡慕极了，它飞快地跑回家去。

一进家门，小蜈蚣就大声地嚷嚷："我要鞋，我要鞋。"

爸爸妈妈同时探出头来："你看我们蜈蚣家族里，哪只蜈蚣穿鞋了呀。"

"我看小熊穿了一双丁丁鞋，我就是要鞋。"小蜈蚣不依不饶。

爸爸妈妈只好答应他："好吧，我们给你去买鞋吧。"

爸爸妈妈带着小蜈蚣走了很远很远的路，终于来到了鞋店。在店内爸爸妈妈仔细认真地为小蜈蚣挑选鞋子。小蜈蚣更是忙得不可开交，他瞧瞧这双鞋，摸摸那双鞋，还不时地试试这，又试试那……一会儿，他们就挑了一大堆：丁丁鞋、音乐鞋、跑步鞋、香香鞋……

鞋子挑选完了，爸爸妈妈付了鞋子钱。鞋店的老板是大狗熊，一个大力士，他承诺把鞋子免费运送到小蜈蚣的家。

小蜈蚣和爸爸妈妈一起高高兴兴地回到家里，看着满屋子的鞋，小蜈蚣又是拍手又是蹦跳。

不一会儿，一个新的问题跑进了小蜈蚣的脑海里：怎样把这一双双漂亮的鞋穿在自己的脚上呢？

风姐姐和雷哥哥

雷雨纯

中午，突然狂风大作，乌云密布。原来是风姐姐和雷哥哥在比谁更伟大呢。

风姐姐吹倒了一棵银杏树，得意地对雷哥哥说："你看，你看看我的威力，究竟是你伟大还是我伟大呀？"

雷哥哥听了不服气地对风姐姐说："风儿，你等着瞧吧！"说完，雷哥哥放出了一道闪电，击倒了一棵大树。

风姐姐也不服气，她再次发出威力，扑向田野，田里的麦苗被她吹得东倒西歪。雷哥哥也接连放出闪电，扫过一排排大树。

下雨了。雨妹妹温柔地说："你们俩别比了，你们都很伟大。"

云弟弟也过来劝道："是啊，你们别吵了，你们都很伟大。"

风姐姐和雷哥哥不听劝告，继续争吵，比拼。

云弟弟和雨妹妹只得无可奈何地看着他们。

正当他们吵得不可开交时，太阳公公出来了，太阳公公心平气和地对他们说："你们暂时安静下来，雨妹妹和云弟弟说得对，你们都有自己的伟大之处。你们应该学会像雨妹妹和云弟弟那样和平相处。"

听完太阳公公的话，风姐姐和雷哥哥都惭愧地低下了头。异口同声地说："对不起！我们错了。"

他们一说完，天空中就出现了一道美丽的彩虹。

018

游 武 当 山

甘小杰

去年暑假，我和几个小伙伴一起去武当山旅游。之前，我就听说了武当山的高大与陡峭。但我们还是决定自己登上武当山的金顶。

刚出发，我们还兴致勃勃的、有说有笑的，可只走了半个多小时的路途，我们便哑然无声了。有的不想走了，有的干脆一屁股坐在了路边，有的甚至还想要他们的爸爸背着，我也想打退堂鼓了。这时，妈妈似乎读懂了我的心思，便温柔地对我说："不要急，你把这长长的山路分解成一小段一小段，这样你就不会感到路途的遥远了。"无奈之下，疲惫的我按照妈妈说的方法调整了心态，一步一步向前走去。

嘿，还真管用呢。此时的我再也没有想到路途的遥远，也没有走不到头的感觉了。我只是想着怎样把眼前的这一小段路走完，同时我也发现路边有很多我们先前忽略了的风景——一些不知名的花草随意地铺散着，一排排奇形怪状的树木努力地向上生长着，还有一些小动物们完全不在意游人的来来往往，自顾自地玩耍着。就这样，我第一个抵达了武当山的金顶。

有人说，人生是一条长长的路。现在我正在这条路上，如果某一天，我遇到大的困难，我就会想起妈妈说的话："把长长的路分解成一小段一小段。"

我觉得把长长的路分解成一小段一小段的好处在于，能把解决困难时产生的漫长期待分解成一段一段的希望。每完成一小段的任务，心里就会萌生出一份轻松感，而且这份轻松又会促使你更有信心完成下一段任务。

019

清 江 游 记

伍 越

五一小长假的第一天，我乘坐我们老师的车前往宜昌，游了清江画廊。我的印象中，画廊都是用上好的木材修建的长廊，谁知同行的吴妈却说："今天我们有四个小时的乘船时间，来欣赏美丽的清江。"这一句话彻底地颠覆了我以前的认知。

早上九点左右，我们到达了清江画廊，没过多久，我们全组人都坐在了船上。船长让我们穿上救生衣，杨爷爷竟然将救生衣穿反了，变成了名副其实的"防弹衣"。伴随着引擎发出的巨大的声响，我们的船缓缓地驶出了码头，随着速度的逐渐加快，一阵阵的江风迎面扑来，让人感到无比凉爽。大家纷纷拿出手机和照相机，对着美如图画的景色兴奋地拍起来。

这时，我们的船边驶来了一艘巨大的游轮。游轮驶过后，平静的江面激起了巨大的波浪。我乘坐的小船迎着波浪前进，大浪猛地撞击船头，激起的浪花蔓延到甲板上，使我们一阵惊慌，一阵惊慌之后，却是一片笑声。

船行驶了半个多小时，到了风景最为秀丽的江段，欣赏两岸如诗如画的美景，我突然明白"画"指的是这里风景秀丽，"廊"形容的是江面的样子。想到这里，我的脑海里涌现出一句诗，"船在江中走，人在画中游"。

离终点还有十几分钟的时候，从广播里传出船长的声音："船马上要驶入风急的区域，想不想冲浪？"我们全都高呼道："冲。"不久，又有一艘大游轮从我们身边驶过，船长立刻掉转船头，迎着浪尖冲去，浪更猛更大了，船摆晃得更厉害了。虽然我们都做好了准备，但是我们的鞋都成了"牺牲品"。

不久，我们就到了目的地——武落钟离山。站在山脚下，抬头仰望，只见钟离山巍峨耸立，而我却非常渺小，这顿时激起我的登山欲望。走在傍山而建的山道上，欣赏眼前的美景，呼吸着清新的空气，听着动听的鸟叫，一切都是那么美好。同行的两位老人觉得累了，就留在了半山腰，其余的人都憋着一股劲继续向钟离山山顶进发。那种登山的楼梯可以称为"天梯"，有的坡度八十多度，我爬上去以后，向下看还有点儿后怕。当我爬到峰顶时已是满身大汗，腿脚发软，但放眼望去，展现在眼前的是一副壮观的山水图，江面绿得发蓝，像一块巨大的蓝水晶；四周的群山高高耸立，满山的树林，绿得发亮。

返航时，我们去欣赏最后一个景点——坐佛。那个天然大佛高达二百八十米，导游说："那两条条状的树木带是它的双手。"我抬头望去，只见大佛蹲坐在山崖上，两手自然地放在膝盖上，显得生动形象。船长把船稍微转动了一下，便看到大佛左侧的峭壁上有一个像猴脸一样的图案，表情十分痛苦，想必就是压在五行山下的孙悟空吧！

坐在返回旅店的车上，我的心久久不能平静，清江的美、清江的壮观让我恋恋不舍。

熊猫基地之行

侯逸轩

在成都之旅的第四天，我和妈妈来到了熊猫的故乡——熊猫基地。

我们买了票进基地，一进去就看到许多翠竹，太阳照耀着竹叶，那翠绿的叶子反射出闪闪的光亮映射着我们，我感觉每一片竹叶上都有一个鲜活的小生命在跳动。

我们沿着竹林走了一小段，就下起了绵绵细雨。过了一会儿，雨停了，腾起层层薄雾，竹林在薄雾中若隐若现，我们仿佛置身仙境，如梦如幻，美丽极了。眺眼望去，我突然发现一片片黑黑的影子，仿佛一个个穿着黑色轻纱的精灵在婀娜起舞。走进一看，原来是墨竹！

不一会儿，我们就到了熊猫屋。我看到一头胖胖的大熊猫在一块大石头上懒懒地躺着，身前放着一堆又粗又长的竹子，只见它不紧不慢地抽出一根开始悠闲地啃，还发出"吱吱吱"的声音，吃饱后，它便旁若无人地呼呼大睡。

接着，又有一只又高又胖的大熊猫登场了，它肥胖的身躯一下子把一棵竹子压了下来。游客齐声喝彩，一起鼓掌。它把头扭了一下，似乎对我们的鼓励表示感谢。接着，它便一声不响地开始享受美味，一会儿就把竹子吃了个精光，之后便慢慢地踱回了自己的小屋。

这次熊猫基地之行真是快乐无比啊！

游恩施大峡谷

李梓姚

暑假，我和爸爸妈妈一起游览了闻名遐迩的恩施大峡谷。

清晨，我们从酒店出发，坐着车去大峡谷。一路上，空气清新，景色宜人，让人精神舒畅，兴致盎然。一层轻柔的薄纱笼罩着连绵起伏的群山，我们乘车穿行其中，大饱眼福，终于来到了地球上最美山痕——云龙地缝。

地缝里凉飕飕的，里面有各种各样的瀑布，比如冰瀑、彩虹瀑布、云龙瀑布……这些瀑布飞流直下，撞击在长河里的石头上，发出悦耳的响声，就像一首美妙的乐曲，好听极了！我们一边欣赏云龙地缝里的奇特景观，一边感叹大自然的神奇壮丽。

不一会儿，我们就踏上了三百六十五级的云梯。云梯上面人山人海，接踵摩肩。云梯的每个阶梯又高又陡，每爬一步都非常艰难。修建它的工人们是多么艰辛，多么伟大啊！

我们游完云龙地缝，就坐上索道车，来到了七星寨景区。穿过石芽迷宫和一线天，我们就走上了巍峨险峻的绝壁栈道。

栈道一边是悬崖峭壁，一边是万丈深渊。近处的山像翡翠般碧绿，远处的山像玛瑙般透亮。走完了栈道，我和妈妈累得气喘吁吁。在爸爸的带领下，我和妈妈坚持拄着登山杖，翻过了两座山，终于来到镇谷之宝——"一炷香"。"一炷香"下细上粗，孤零零地立在那儿，经历了千万年的风吹雨打，依然屹立不动。相传，这根石柱是天神送给当地百姓的一根救难香。如遇灾难，将它点燃，天神看到袅袅青烟，就会下凡来救苦救难，所以，当地百姓称它为"救难香"。

除了一炷香，还有玉笔峰、双子塔等都非常神奇，真是千姿百态啊！

023

云龙地缝，绝壁栈道，给我的暑期生活增添了一道绚丽的色彩！

我是一粒莲籽

　　快来看呀，我有一个庞大的家族。瞧！荷叶爸爸，荷花妈妈，莲蓬哥哥，莲藕弟弟。我们生长在水中的淤泥里，从脏兮兮的淤泥里冒出来，给火热的夏季带来一抹清凉。

精彩的篮球赛

郭恒宇

周五的放学铃声就是我们的集结号，当我一路小跑来到篮球场时，各路高手早已到齐，真是莫道君行早呵，接着，一场势均力敌的篮球比赛即将开始。

哈哈，今天的运气真不错，我与"篮板王"周祝、大中锋严艾奇分在了一组，小朋友中，我是突破能力最强的一个，运动中的变向然后三步上篮无人能敌，和周祝、严艾奇一组我们恰好优势互补，我不禁暗暗得意，心想今天一定要把他们打个落花流水，解上周的输球之"恨"。

比赛开始了，我首先把球传给了周祝，对方三名防守队员一起围过来，正中了我们的计谋，周祝又将球传给了无人盯防的严艾奇，球应声落筐，我方开门大吉，一比零领先。下一个球，是我上场的第一次上篮，接到球后就开始快速上篮，本以为是坛子里摸乌龟——十拿九稳，可谁知道，被刘国为一个大帽给盖了下来，而且反击成功，比分变成了平局。

其后的比赛，紧张而激烈，双方队员的手感也越来越好，投篮命中率越来越高。这不，你看！周祝的一个远射又把比分扳平。可就在这时，对方打出了一个四比零的攻击波，唉！我的特长今天被早有准备的对方防守队员钳制住，发挥失常，心急如焚啦！眼看输球已成定局，但我们没有轻言放弃，在场上积极奔跑，防守更加严密，拼抢篮板，寻找机会，好在周祝今天的手感不错，接连命中，顽强的我们将比分扳成了九比九平。

决胜球到了，场上气氛尤为紧张，现在球权在我们手上，我方叫了暂停，布置秘密战术。我方开球，我刚拿到球，对方三人便对我进行了包夹，无奈之下，我把球传给了严艾奇，可是总找不上篮的机会，只得频繁地在外围传球寻找战机，机会终于来了，喻明理也许是跑累了，放松了对我的盯防，我的看家本领也派上了用场，一个虚晃，我甩掉他的防守，然后低手上篮。

球进了！完成了决杀。

那一次，我们输了

甘莫北

"这一次，我们肯定会赢！"蓝天下的我们相互握拳，信心满满。

这是个阳光明媚的日子，在教练的带领下，我们的足球队将和育苗小学对手来一场比赛。

上场了。看育苗队队员个个精神抖擞，似乎不容小觑。不过，这对于在历次比赛中都能所向披靡的我队来说并无压力，我们笑容灿烂。

比赛开始，双方选手个个跃跃欲试。裁判一声令下，我方一员猛将首先就发起了进攻，想率先打个对方措手不及。不料对方早有防备，球被一个小个子男生一脚拦住。情况不对，不容我们细想。对方的进攻来了，一个球在我旁边插身而过，我前面的队员紧跑几步，才将它抢住。好险！

对手不好对付呀。每来一个球，我们便绷紧心弦，不敢打半个马虎眼。每抓住一个机会，我们都迅速出击，可对方也是严防。就这样，双方一攻一守，对峙了三十多分钟，不分胜负。

中间休场，我们重新布阵，教练嘱咐我们一定要稳住。

下半场开始。

"嗖！"只见对方的球子弹脱壳般窜了过来，它机敏地躲过了好几个队员的追踪，直奔球门。"快！拦住！"我们高喊，守门员猛扑过去，哪知他一个趔趄，摔倒在地。眼见着球即将入网，旁边的我眼疾手快，侧身倒地，生生将它拦截！一阵掌声，教练向我们伸出大拇指！

倒计时开始，比赛进入白热化阶段。

又一个球飞来，它来势汹汹，还未等我来得及查看它的方向，它已如一只莽撞的小兽冲到球门口。只听"嘭！"我方守门员又一次摔倒……

时间凝固，全场寂静。球门，失守了。我们以一分之差输掉了比赛。

守门员抱头痛哭，埋怨自己，我们也泪流满面。教练摸着我们的头：孩子们，胜败乃兵家常事，扭脚不要紧，心齐就能行。抹掉眼泪，明天，一定会赢！

站在领奖台上时

刘治远

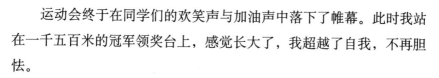

　　运动会终于在同学们的欢笑声与加油声中落下了帷幕。此时我站在一千五百米的冠军领奖台上，感觉长大了，我超越了自我，不再胆怯。

　　我回想着刚才的比赛，心情是那么的激动。

　　此次运动会我报的八百米和一千五百米的长跑，我昨天已轻松拿下了我校六年级男子组八百米的冠军。而这一千五百米的长跑比八百米更考验人的体力，不过，我自认为我的体力还不错，所以报名时我对自己还是蛮有信心的。可当我和其他选手一起站在起跑线上时，我有些不安了：他们一个个都高出我一头呀，我要跑多快才能超过他们呢？唉，早知道今天这阵势，还不如我就抱着那八百米的冠军得了。就这样我忐忑不安地开始了比赛。

　　第一圈时，我跑得不是很快，我要保持体力，准备在后半程慢慢加速，去超越对手。可令我意外的是，第一圈结束时，我落在了最后几名。我的心紧张起来，脚步也显得有些沉重。这时我突然想到了刘翔的那句话：结果并不那么重要，但过程更重要。我做了几次深呼吸，试着放松自己，从而全身心地投入到比赛中。

　　三圈以后，很多选手体力都开始下降。而我却越跑越轻松，渐渐

我是一粒莲籽

地，之前在我前面的选手一个个都被我甩在后面。

最后一圈了，在我前面只有两位选手了，我竭尽全力，想越过他们，可几次冲刺都失败了。只剩下最后一百米了。如果我再不超越，就没机会了！这时突然想到了放弃，想着季军也不错了。可这时雷鸣般的加油声、助威声、呐喊声充塞着我整个耳膜。那么多的人我都超过了，我何不再加把劲——超越他们！我奋力向前冲去，在离终点约三十米的地方，超过了一名选手。最后的一刹那，我迈着大步，身子努力向前倾。最后，我以0.61秒的微弱优势获得了冠军。

我想，最后的几秒钟，如果我放弃了，或是我稍有一丝的懈怠，我就与这一千五百米冠军的领奖台失之交臂了。此刻，我激动地站在领奖台上，我知道，我收获的不仅仅是冠军。面临挑战，竭尽全力才是最重要的！

"单飞"的经历

伍程城

今天，我要"单飞"了——一个人从公安乘车回乡下奶奶家，这是我从没有做过的事情。我虽然有点儿害怕，可又觉得终于"逮住"了一个能证明自己长大的机会。

我独自走向乘车站点，远远看见一辆城乡客车停在那儿，凝神细看，"公安—章庄"，正是我要搭乘的那路车！我快步奔跑！一边招手，一边扯着嗓门喊："搭车，搭车，我要搭车！"可是，车上的司机没听到我的呼喊，车子"嘟嘟嘟"地走了，留下一缕青烟和垂头丧气的我。

我慢吞吞地走到站台，烦躁没用，焦急也是白搭，还是换一种心情吧。于是，我开始数来往的车辆和行人，"一、二、三……三、二、一"，数着数着，我竟然忘了数字。自己也忍不住笑了。就这样，等车的时间变得不再漫长。

"吱——"一辆从"公安"到"章庄"的车在站台前停下。我上了车，挑了一个位子坐下，便打量起来。车上的人都找到了位置坐下来，有的开始打盹儿，有的开始看手机……我转头向车窗外望去，路旁的道行树像一个个士兵整齐地向后退，远处金色的稻田此起彼伏。不一会儿，我就睡着了，梦见自己飞了起来，飞上了云端，奶奶的家就坐在云朵上。呵，坐客车的感觉还真不错呀！

一个小时后，我的"终点站"到了。下车后，我迈着欢快的步伐到了乡下奶奶家。奶奶看着我，惊喜地摸着我的头说："啊，我的乖孙子长大了。"

本次"单飞"圆满成功！

这件事做得真糟糕

邹麒文

星期六，爷爷奶奶都出去做事了。我一个人在家里看电视，到了十一点，我已经饿了，爷爷奶奶还没有回来，我只能自己做饭了。

我是一粒莲籽

我先把电饭煲洗干净，再装上水，把大米放进去泡一会儿，几分钟后，大米泡好了。煮饭的同时，我开始准备菜了。先把锅洗干净，再去冰箱拿肉，又去篮子里拿土豆和鸡蛋。现在要削土豆皮了，我削得非常慢，生怕削到自己的手。当我切肉的时候，更是小心。但是还是削到手了，幸好是小伤。我先把肉和土豆放进锅里，把鸡蛋打碎放进去煮。

汤还没开，我想，现在应该有非常好看的动画片。一打开电视，我就被电视里的动画片紧紧地迷住了。不一会儿，一股淡淡的煳味儿飘进鼻子里，"哎呀！我的菜还在锅里呢。"我三步并作两步地跑到厨房里，锅里的汤已经煮干了，上面一层黄澄澄的，但是下面一层已经变成焦炭了。我很无奈，只能重做一遍了。不过这次比上次快了许多，也没切到手。再过去看看饭煮得怎么样了，打开电饭锅一看，里面还是米和水呢！才发现原来是插头没插上。

032

这时爷爷奶奶回来了，他们看着我在厨房狼狈的样子微笑着说："你呀，就是一个做事不认真的小孩子。"我的肚子早就饿得咕咕叫了，尽管没有米饭，我还是拿起筷子狼吞虎咽起来。

从这件事我认识到，不管做什么，都要认真仔细，否则，就会做得很糟糕。

我胖，我快乐

梁　静

人们常说"心宽体胖"，这可是多少年来祖宗留下的话，自然不会错，而我正应验了这句话。

说起我的体胖，可是由来已久、事出有因的。首先是遗传基因。我老爸是一名体重超标者，已经达到了恐怖的二百斤，每次去称重，看到体重秤那吃力的"表情"，我就忍俊不禁。我虽然重，但也不至于让体重秤转一大圈啊。

其次是外在影响。老妈厨艺一流，辣菜烧得更佳，随便一个红烧茄子就令我垂涎欲滴。有一次，妈妈正在做红烧茄子，对做饭没多大兴趣的我，突然想去看看。走进厨房，妈妈正在将茄子洗净、切条。我在一旁观看，她将茄子放进锅中炸，一会儿后，放入调料，香味"蹭"的一下就冒出来了，诱得我恨不得马上端起锅来大口大口地吃。最后，倒葱入锅后起锅。起锅之后，拿着早已洗净的筷子，随时准备动筷。看到香喷喷的红烧茄子，我的心早已不在我的身上了，奈何妈妈看得太紧，叫我只能吃饭时吃。没办法，看到那些香喷喷的饭菜，我早已"口水直下三千尺"了。终于到了吃饭时，那红烧茄子，入口即化，油而不腻。妈妈的厨艺真的可以媲美五星级大厨了。我每餐都要做到"菜不吃完死不休"。不准浪费嘛！因为"民以食为天"，所以我的三餐自然是多多益善了。

最后就是自身了，从小时起，我的食欲就非常好，吃嘛嘛香，想不长肉都不行。

于是，在外力和内力的合力下，造就了一个"横看成桶侧成箱"的胖子，以致老师说我是气球。

说我"心宽"。其实是我不在意小事，不像小心眼的人。虽然这样有失我的英明，但可以换来轻松愉快的一天，何乐而不为？

有一次，我的一个好朋友一不小心把我的杯子打碎了，他马上拿扫把、拖把清理地上的残渣。清理时，眼神还时不时地瞟向我，以为我会发火。看他那小心的样子，我忍俊不禁："没事啦！不就是一个杯子吗？"他惊讶地看着我："真的没事吗？"我说："没事啦，我们还是好朋友。"他也笑了。心宽，烦心事就会减少，还可以换来难得的友谊。

我常把微笑挂在脸上，以致同学们都说我是乐天派！唉！没办法，谁叫我喜欢笑呢？

说实在的，看到那些英姿飒爽的帅哥，我可是非常羡慕呢。不过仅仅只是羡慕，我从没想过要减肥。在美食和帅哥之间，我毫不犹豫地选择了美食。何必委屈自己，按照心愿自由自在地活着，岂不快活？

嘻嘻哈哈，哈哈嘻嘻……我就是一个从来不为身材发愁的胖子，一个不折不扣的乐天派。

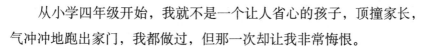

那一次，我真后悔

甘文博

从小学四年级开始，我就不是一个让人省心的孩子，顶撞家长，气冲冲地跑出家门，我都做过，但那一次却让我非常悔恨。

那天是星期天，我不想上学。这个想法前一天就有了，前一天我拖拉磨叽，硬是不愿意去写作业，只做了数学作业。看着语文和英语作业本上密密麻麻的文字，我头都大了，畏难情绪支配了我。

035

"不写了，明天不上学了！"我坐在书桌前大吼道，吼完便跑进了卧室，将门反锁，我背靠着门，坐在地上。不知道妈妈听见没有，厨房里的锅碗瓢盆响个不停，忙碌的脚步也没有停歇。终于，妈妈的手停下来了，脚步声越来越大，妈妈喊道："吃饭了！"我却不作声，她见我没反应，脚步声变得急促起来，她拧了门把手，发现我锁了门，又敲了两下，我还是没反应，慢慢地，脚步声愈来愈远，直全消失。

周围异常安静，妈妈一定是睡觉了，于是我打开房门轻手轻脚地溜了出去，将钥匙和手机摸到手里，正准备出门，我无意中瞥见桌上热气腾腾的饭菜。有我喜欢吃的清蒸鱼、红烧牛肉、糖醋排骨，我的心中掀起一阵波澜，但我只咽了咽口水，仍旧打开门，冲了出去。

跑到三楼的时候，听见大门打开的声音，抬头看见妈妈的衣角，一扭头，健步如飞冲到底层，躲进拐角处。

妈妈下来了，一脸焦急，在院子里走来走去，边走边喊："儿子，你在哪儿？快回来！"我无动于衷地听着外面的动静，直至听到妈妈的抽泣声，我愣住了，心里五味杂陈。妈妈走出院子，我返身上楼，躲进房间一角，在那里，我正好可以透过镜子看到妈妈的一切：妈妈回来了，我从镜子里看见她一脸疲劳、四肢乏力地走到沙发边，一屁股坐下。突然，妈妈眼睛里的血丝、额上的青筋和皱纹凸显在我的眼前。泪水终于夺眶而出，妈妈为我操碎了心，难得睡一次好觉，我却不懂得感恩，以自我为中心，懊悔惭愧充斥着我的心头。我低着头从藏身处走了出来。我抱住妈妈，真正厌恶了那个耍脾气的自己，"儿子错了，儿子再也不任性了！"妈妈疲惫的脸上挤出一丝笑容："儿子，妈妈不怪你，以后有什么心事就告诉妈妈，好吗？"

从那天起，我立志要做一个有责任、有担当、面对困难不畏惧、乐观积极的人。

036

人鸡大战

张子蔚

那一天，风和日丽，我和妈妈回到姥姥家，准备借着这个好天气，帮着来次大扫除。

姥姥家门前因为长时间只走中间这条道，在江南小雨的滋润下，小草蹭蹭蹭很快就占领了两大半道场，对中间的小路形成钳制之势。

两边广阔的天地自然也就成了姥姥家里鸡鸭的乐园，它们在里面嬉戏，休憩，甚至随意地喷洒自己的大小便。望着眼前巨大的工程，我和妈妈分工合作，她负责在院子里除草，我负责扫地。

扫地，看似轻松，但我一边扫地，一边还要防范家里鸡鸭的捣蛋，也并不轻松。这些"鸡鸭土著"，对我这个外来客很是防范，时不时就要来巡视一番。对我帮助他们清理家园也根本就不领情，时不时就蹿出来一只，不是肥大的翅膀把我好不容易收拢的垃圾吹得到处都是，就是"嗞溜"一声，一摊黄白之物就呈现在你眼前。面对这群无组织、无纪律的散兵游勇，我就像个蹩脚的消防队员一样到处灭火，弄得一身臭汗还没有个好的结果。

好不容易在我的几把高粱和碎米的利诱之下把它们全部赶出了我的势力范围，然后在扫帚和拳头的威逼恐吓下给它们划定了警戒线。看着它们昂着脖子"唧唧、嘎嘎"地向远处去时，我才松下一口气，终于可以趁着这个空闲赶紧打扫、整理我的战场。

在扫帚、抹布、水桶等工具，以及我十八般武艺下，屋里院内终于有了一番新气象，我满意地拍拍手。突然一只大红冠子的公鸡趾高气扬地向我的领地踱来，只见它伸长了脖子，大红的鸡冠子鲜艳欲滴，左顾右盼，目中无人地抬着它罪恶的瓜子侵入了我的领地。我使劲瞪着它，希望和它来个君子协定，希望它能稍待片刻，待地干了再进来。它"咯咯"地愣在那里，低着头一啄一啄地啄着地面，似乎在忏悔自己的罪过。见它没有退缩的意思，我突然挥舞着扫帚，想以武力来吓退它，来展示着我领主的权力。我想到了开头，却没有想到结尾。突然的袭击确是把它吓了一大跳，"咯咯……咯咯……"它猛地跳了起来，扇着翅膀胡乱飞蹿。地上除了落下几片鸡毛外留下了更多的爪印。我急眼了，拿着扫帚在后面一顿狂追，希望借此将这个不讲规矩的入侵者彻底赶出我的势力范围，并以此震慑那些蠢蠢欲动的宵小之辈。

屋里很快就演变成鸡飞"我"跳，我在后面奋力地扑打，它在前面到处乱窜，地上桌上都有它的痕迹。有几次眼看着我都要将它"绳之以法"，可惜我投鼠忌器，怕摔了桌上的瓶瓶罐罐。最后在我的围追堵截下，我将它逼近了墙角的三角地段。我微微喘了口气，看着它火红的鸡冠和尖尖的鸡喙，我决定拼命了，这次无论如何也要将它擒在手中。似乎感受到这种危险，它欲做困兽之斗，脖子上的鸡毛慢慢耸立起来，尖尖的鸡喙对我跃跃欲试。我的心不禁一紧，战意稍有松懈。就在这刹那间，它突然猛力扇动翅膀从我头顶飞了过去。望着空中悠悠飘落的一根鸡毛，我愣在了当场，欲哭无泪。

经此一战，我们双方"握手言和"，我拿出了更多的高粱和碎米，毕恭毕敬地把它请出了战场。

038

美丽的校园

程希豪

高大的水杉树下，同学们依偎着、遐想着；球场上，同学们挥洒汗水；教学楼里，书声琅琅……太阳直射操场，阳光透过窗户照在教室内，泼洒在我们心间，一切都是那样祥和、美丽，我为拥有美丽的校园而欣喜、自豪！

校园的美记载在同学们的风采上。

喜欢清晨在操场塑胶跑道上漫步，追忆昨天发生的事，迎接新一天来到；也喜欢午后在校门旁的池塘边，和好友一起谈天说地的感觉；更喜欢放学后在葡萄藤下静静地复习功课。

眺望操场，每天一大早就有很多学生在篮球场上挥洒汗水，瞧那手似乎赋予了篮球生命。远处的×同学吸引了我的眼球——修长的身材，橄榄色的皮肤，再配以漂亮的妙传、立定、转身、双手抱球、举过头顶、双膝弯曲、奋力跳跃、打板进筐，一连串动作无疑使他成为同学们的焦点。是活力、是成长，是那样地充满朝气！温暖的阳光，照亮了我们追求的方向，让我们认准目标，展翅奋飞，给未来增添一片美丽的华光！美丽的校园，朝气蓬勃的校园！

校园的美回荡在教室的"硝烟"中。

步入教学楼，踏在大理石砌成的走廊上，推门进入教室总会发现同学们专注的神情和琅琅的读书声。"一定是这样解的，是你做错了！""不对，不对，是你做错了，我是对的！"教室的一角，同学们常常为了一道题争得面红耳赤，满是"硝烟"味儿。

校园的美洋溢在老师的脸上。

午后的阳光静静地透过窗户，照耀进每个人的心间，依在窗台上，手捧书籍，贪婪地汲取知识，完全沉浸在书籍之中，时常会和好友交流心得，此时的我们没有距离，敞开心扉，各抒己见。美丽的校园，无数学子在书海里尽情畅游。

放学后，办公室中，挤满了同学，争先恐后地向老师请教问题。时间一分一秒地过去了，一晃便是几小时，老师依然在为同学们解答，任劳任怨，当同学听懂后嘴角露出微笑时，老师脸上也堆满了笑容。夕阳西下，走出教学楼，回头再望校园，校园依旧美丽！

操场上、水杉树下、池塘边、教室、办公室……这里的一切都让我感到温馨、感到快乐，一切都是那样美丽，美丽的校园在我脑海中定格！

军训就是酸甜苦辣

张烁祎

"酸甜苦辣,应有尽有。"你或许认为我说是的"美食",其实,今天我说的是军训的酸甜苦辣。

酸!能称得上"酸王"的无非就是站军姿了。教官带着我们来到操场,哨令一旦吹响,我们就得站军姿。在炎炎烈日下,必须纹丝不动地站着。并且,站军姿还有很多规定呢!教官似乎在想方设法让我们难受。刚开始站还好,可还没过一会儿,我的脚就像灌了铅,努力拖着我往下坠。火辣辣的太阳也像是要故意捉弄我们,绽放出全部光彩,给我们"火上浇油"。已经有同学接二连三打报告了,我也很想放弃,但总有一股力量支撑着我坚持。既然是军训,那就是苦与累,人们总说"阳光总在风雨后"。豆大的汗珠一滴滴从我脸颊往下滴。不知过了多久,教官的哨声终于吹响,我酸痛的腿终于得以松懈。

苦!"一、二、三……"这是在做最残酷的体罚——上下蹲。我们双手抱头,教官喊"一",我们就得蹲下去,喊"二"则开始下一个。麻木的双腿感到阵阵刺痛,汗水淋漓的我像刚从游泳池里钻出来似的。我实在是坚持不下去了,准备偷懒,我站在后排,前面同学站起来的时候,我还是蹲着。火眼金睛的教官识破了我的小把戏,走到后排,盯着我做,我哪敢不从?我忍着痛,继续做上下蹲。

辣！火辣辣的太阳烤得我们口干舌燥，两眼发花，水杯就在眼前，怎么办？可望而不可喝，只能望"杯"止渴！

甜！我们的教官也有善解人意的时候，有时，他会把我们带到阴凉的地方训练。如果我们表现好，教官会让我们放松一会儿。坐在树荫下看着其他班上的同学接受太阳的炙烤，我们则悠闲地喝着矿泉水，从嘴里甜到心里。

军训中的酸甜苦辣，应有尽有，但也正是军训，磨炼了我的意志，让我懂得了坚持的含义。我想，今后，无论遇到什么困难，我都能战胜，因为坚持就是胜利！

校园的早晨

陈宇东

一天之中，我最喜欢早晨的校园。我喜欢她的美丽，喜欢她的生机勃勃和书声琅琅。

校园的早晨是美丽的。站在学校门口，放眼望去，就能看到薄薄的雾如一层洁白的轻纱笼罩着高大的教学楼，缕缕阳光穿透这美妙的轻纱，轻吻着鲜艳的五星红旗，抚摸着校园里的一草一木。几只小麻雀在跑道上蹦蹦跳跳地欢叫着，好像要赶在校园没有沸腾之前，抓紧时间晨练。

校园的早晨是生机勃勃的。"吱溜"一声，校门开了，同学们背着书包，三五成群的如一只只快乐的鸟儿，见了老师行个礼，见了同学问声好，如果见到了自己最亲密的朋友，就会忍不住来个热情的拥抱，手拉着手，来一阵令人羡慕的窃窃私语。你也许会奇怪，一个晚上不见，怎么就有这么多的知心话需要交谈？

教学楼前，每一位值日生都在勤勤恳恳地打扫卫生，无论是一张迎风起舞的小纸片，还是一片会腾云驾雾的枯树叶，都逃不出我们的手心。我们的信条是：校园是我家，保护环境靠大家。

校园的早晨是书声琅琅的。"丁零零……"上课铃声响了，同学们争先恐后地回到自己的座位。朗朗的读书声随之响起："日暮苍山远，天寒白屋贫。""伯牙善鼓琴，钟子期善听……""母亲呵，天上的风雨来了，鸟儿躲到他的巢里……"那声音或舒缓，或清脆，或昂扬，多像一首美妙的交响曲。

我喜欢校园的早晨，因为校园的早晨是丰富多彩的，校园的早晨更是充满希望的。

042

幽默大王

张果果

我们班的俗世奇人可多啦："学霸"贺秋燕，"翻版晏子"杨大鸿……但我最佩服的还是咱们班的"幽默大王"——杨智明。

就从第一次课堂讲起吧！课堂上，老师严肃地问："妻子猜到了严监生的心思，如果当时严监生能说话，他想对妻子说些什么？"（当时我们正在学习《临死前的严监生》）老师话音刚落，杨智明就高高地举起了手，老师点到他，他就边唱边笑道："妻子代表我的心。"全班一阵哄堂大笑。见此情形，老师一边维持纪律，一边送给杨智明一个白眼，杨智明只好尴尬地笑了笑。

杨智明和我一样，也是个"小巨人"，但你们听说过浓缩的都是精华吗？他可是精华中的精华，他是咱们班的小笑星，哪里有他，哪里就少不了欢声笑语。他可是"笑星"的掌管人哟。

记得还有一次，老师点唐美诗回答问题，她犹犹豫豫地站起来，不敢看老师，看这样子她是答不上来。杨智明还在旁边添油加醋："唐美美，你站起来是比美的吗？"说话间，他故意装作女生的腔调，不停地眨眼睛，还翘起了恶心的兰花指。杨智明刚说完，全班传来一阵不绝于耳的笑声，被嘲笑的唐美美脸都红了。但大家都知道他没有恶意，课下也就不计较了。

有了咱班的幽默大王，我们的课堂总是那样欢快。

爱打篮球的"小非洲"

雷睿阳

"嘭"的一声，我们教室的门被推开了。"小非洲！"我们班所有同学异口同声地喊道。他每天都准时在我们下课时推开教室的门，今天他又踩着点来了，只见他背着书包，一手拎着一壶水，一手抱着一个篮球，大步流星地向我们教室后面走去。

"小非洲，站住！"张老师大喝一声，他乖乖地站在了原地。只见张老师一边快速地拿出手机，一边微笑着对他说："小非洲，你摆个pose，我给你照两张相，给三年级同学做外貌描写的模特。"

"小非洲"一点儿也不害羞，一会儿左手举着篮球，又一下子双手托起，转眼篮球又被他夹到了腋下……他时而咧嘴大笑，露出两排洁白的牙齿，与他黝黑的皮肤形成鲜明的对比，时而双唇紧闭，圆溜溜的眼睛转个不停。

"小非洲，你为什么这么黑呀？""小非洲，你非洲来的吧？"看着他的样儿，我们忍不住大声问。

"我才不是非洲来的呢，你没看见吗？我打篮球晒的呗。"小非洲一面说着，一面把他的篮球举过了头顶。

张老师在一旁，一边翻看着照片，一边对他说："小非洲，我把你拍白净了。"我瞧瞧照片，再瞧瞧他。是啊，他从头到脚都是黑黑的呀！

你知道他是谁吗？他就是我们蒲公英绘本馆古诗文班的甘莫北同学。

可爱的弟弟

文怀宇

今天，我要向你介绍我可爱的弟弟，你想知道他在家里的情形吗？如果你想知道，那我就来告诉你吧。

我的弟弟已经三岁了，他和我一样，长着一个圆圆的脸蛋儿，一双小眼睛炯炯有神。

弟弟在家里总是无法无天，调皮又活泼。每次在我写作业时，他就说："哥哥，我们出去玩吧。"我开心地摸摸他："你出去玩吧，哥哥就在这里写作业。"弟弟就很不高兴地出去了。

其实，我弟弟对付我的绝招就是哭了，每当我不小心碰到他时，弟弟就哭哭啼啼地对爸爸撒娇："爸爸，哥哥打我，我不喜欢哥哥。"爸爸气呼呼地把头转向我："你这个哥哥怎么当的？"我很不高兴地说："我没有打他，我就不小心碰了他一下。"爸爸也没再说什么。

但我的这个可爱的弟弟也有很多优点呢。有一次放学的时候，我在弟弟的教室外等爸爸来接我们，这时我偷偷听到弟弟的老师表扬我的弟弟："文思远，活泼机灵，每天帮助其他小朋友。"听着弟弟的老师这么夸奖我的弟弟，我觉得很开心。

他还很坚强，我们一起在外面玩，他摔倒了，没等我跑过去扶他，他就站了起来。他的聪明也超出我的想象，爸爸为我们买了一辆自行车，不到一个星期，他就学会了，而我学了两个星期。

这就是我淘气又可爱的弟弟，弟弟在我心里是个小天使，我和他永不分离。不管他喜欢我，还是不喜欢我，他都是我的亲弟弟。

爱告状的妹妹

王一安

她长着一双水汪汪的大眼睛，小小的鼻子配上那一张樱桃小嘴，那简直太完美了！她就是我的才一岁五个月的妹妹——王程安。

她现在只会说"我们来啦"和一些简单的词语，比如喊"爸爸、妈妈、姐姐、爷爷、奶奶"，说"饭饭、不要"等。不过，我这妹妹还很喜欢告状呢。

有一天，我在客厅里骑着儿童电玩车，妹妹看见了，她连忙跑过去对着正在忙碌的妈妈喊："妈妈，妈妈……姐姐！"妈妈似乎明白了妹妹的意思，抬头对我说："你玩怎么不带上妹妹呀？"妹妹又跑到我身边，我给她挪了一点儿位置，她"嗖"地一下爬上了车子。

我们在客厅里转了两圈后，她突然从座位上滑了下去，又到妈妈身边喊个不停："妈妈，妈妈，姐姐，姐姐！"妈妈再次转过身，有些不耐地对我喊道："王一安，你怎么不给妹妹玩呀？"我委屈地说："她刚上来玩了一会儿呀。"妹妹依然不依不饶，妈妈只得对我说："妹妹应该是要你下来，让她一个人玩。"我很不情愿地从车子上下来了。妹妹顿时安静下来。

哎，我的这个妹妹怎么这么爱告状呀？

篮球达人推推推

尹嘉雄

尊敬的校长：

您好！

听说我们学校里要评选运动达人，现在我向您推荐我们班上的篮球达人——李小强。他篮球打得非常棒！

瞧，在篮球场上，比赛的哨声一响，李小强拍着球像豹子一样飞快地向球场中心跑去，他左手微抬护着球，右手拍打的篮球像个听话的小孩儿跟着他一起前进。球和他一起敏捷地绕过对手，但对方一下子来了三个人，把他给团团围住，形成了一面坚实的"防球墙"。

说时迟那时快，这李小强哪里会把球让给对方。他虚晃一下，双腿起跳，把球传给了在外围接应的队友。"防球墙"瞬间瓦解，李小强迅速地跑到自己场地上，他的队友眼疾手快把球传给了他，他稳稳地接住球，双眼凝视篮筐，挺直后背，两脚一跃，左手托球，右手使劲儿把球向篮筐扔去。我真为他捏汗，这球能进吗？没有想到，篮球像个小猴子一样乖乖地跳进了篮筐。顿时，篮球场上响起了雷鸣般的掌声。一旁观看的我已经目瞪口呆，这篮球达人真是名不虚传呀！本场比赛，李小强队获胜，他得了11分。

这，就是我们班上的篮球达人——李小强，希望您能给他面试的机会。

　　　　此致

敬礼！

推荐人：尹嘉雄

2017年12月16日

我是一粒莲籽

黄景雯

　　我是一粒莲籽，暮春栽种，盛夏开放，夏末成熟。

　　快来看呀，我有一个庞大的家族。瞧！荷叶爸爸，荷花妈妈，莲蓬哥哥，莲藕弟弟。我们生长在水中的淤泥里，从脏兮兮的淤泥里冒出来，给火热的夏季带来一抹清凉。

　　荷叶爸爸大如圆盘，小如铜钱。从水面往上看，哇！阳光照射在爸爸身上，能穿过爸爸身体的阳光很少很少。我看着爸爸圆圆的脸，爸爸脸上出现了清晰的脉络，偶尔还有一些小水珠在爸爸脸上顽皮地滚来滚去。一阵微风吹来，爸爸迈起矫健的舞步，跳起了优美的华尔兹。

　　我的妈妈是一朵洁白如玉的莲花，她亭亭玉立的身姿，散发出淡淡的清香，我循着这股清香味儿，扑进妈妈温馨的怀里。

　　哦，我还有一个和我亲密无间的莲蓬哥哥呢。日子一天天地过去，在阳光和父母爱的沐浴下，哥哥由最初的黄色变成了淡绿色，后来，又由淡绿色变成了深绿色。荷花妈妈渐渐失去了她美丽的容颜，卸落下一池的花瓣，荷叶爸爸的脸庞也开始泛黄，慢慢枯萎。在荷叶爸爸生命的最后一刻，他轻轻地告诉莲蓬哥哥："我们的祖先就是你身体中的一粒种子，经过漂流，经历千山万水，终于找到合适的地方安定下来，脱去外衣，沉到水底，努力生长后，才有了我们这一大家子呢。"

莲藕弟弟也不服输了，他努力地往淤泥里钻，横卧在淤泥里，努力地生长着自己乳白色的身躯。

爸爸妈妈离开后，我也小心翼翼地从哥哥的怀里跑出来，开始了新的生命旅程。

我是一滴水

049

陈宇岚

我是一滴水，出生于高山巅。大海托白云捎来了消息，呼唤我们从四面八方出发，汇聚于大海。此时，伙伴们也纷纷向我叙述大海的蔚蓝与壮阔。我再也抑制不住自己内心的激动，收拾行装，告别亲朋，随着小溪一道出发了。

我们刚抵达山脚，同伴们就对我发出了邀请："嘿！小水滴，这边有个小池，风景甚是优美，我们就在这儿停下吧！"我转身一看，果真如此，池水清澈见底，池塘边芳草萋萋，不知名的野花如繁星点缀着小池……尽管如此，我依然摇摇头，坚决地拒绝了："不，我还要向前游呢，大海才是我真正的归宿！"在这里，我失去了一些同伴，但也认识了更多的同伴。我们一起努力向前游，仿佛生命也在随之游动。

"不好，大家快停下来，我们遇到了沙漠。"前方带头的同伴惊呼道。这时，大家乱了阵脚，刹那间，我们整齐的队伍混乱不堪。不一会儿，几个同伴便消失在了沙漠中。只有我和少数的几个同伴还在坚持，我们奋不顾身，竭尽全力向前游。此刻，沙漠里的高温灼烧着我们的身体，我强忍疼痛依然在坚持。我仿佛听见到了大海对我的召唤，也似乎看到了大海的蔚蓝，领略到了大海的宽广……不知过了多久，我们终于冲出沙漠对我们的重重阻挠，见到了绿洲。

我们跨越了千山万水，跳过了层层悬崖峭壁，来到了一片湖泊。湖泊被绿荫如盖的大树环抱着，波光粼粼的湖面上不时有鱼儿跃起，欢快的水鸟轻轻地掠过水面。柔和的晚风吹拂在我们的身上，清凉清凉的。湖泊内还有几个小山洞，里面一片漆黑，似乎隐藏着无数的神秘。同伴们再也忍不住了，纷纷散开，有的与鱼儿追赶嬉戏，有的追随欢快的鸟儿跳出湖面，更有的还悄悄地钻进了山洞……尽管我歇斯底里地叫喊着，要他们不要分心，我们还得继续往前走，可他们谁也不理我，他们早已将我们的目标忘到了九霄云外。无奈的我只好与剩下的几个同伴上路了。

渐渐地，水面宽阔，我闻到了大海的气息。抬头一看，我惊奇地发现我们已到达大海了！

大海的波涛一浪高过一浪地拍打在我的身上，我感到了一种从未有过的幸福：只有专注才能抵达目的地，抵达那片你心目中的大海。

磨难，成长的过程

陈月月

人类亦然，生存的道路布满荆棘，坎坷不平，在重重磨难面前，不要退缩，不要放弃，否则就会失去生存的机会。只要不气馁，不畏惧，总可以化险为夷，学会生存的本领，成为强者。

——题记

我是一只小小的雏鹰。

当第一缕晨曦洒向整个山谷时，我睁开了惺忪的双眼。我发现妈妈已不在家了，我知道妈妈又去为我寻找食物了，我继续躺在软绵绵的铺垫上等待妈妈的归来。一阵微风吹来，树叶跟着婆娑起舞，麻雀啦、杜鹃啦、喜鹊啦不时地送来阵阵清脆悦耳的歌声。我陶醉在这怡人的景致里……

妈妈回来了，嘴里衔着我最爱吃的虫子站在巢穴的边沿上，我等着妈妈像往日一样把食物扔到巢内，可今天妈妈没有，她在我的上空飞来飞去，并示意我用嘴接住虫子。我试着去接，虫子落在了铺垫上，我正准备去啄，虫子又被妈妈衔在了嘴里，我只得伸长脖子跟着妈妈旋转，终于把虫子接住了。妈妈高兴地拍打着翅膀冲我笑着。

我慢慢地长大了，我身上的羽毛也逐渐丰盈起来。一天，我被树枝扎醒了，睁眼一看，巢穴内松软的铺垫全都没了，我不得不爬到了巢穴的边缘去寻找妈妈。当我双脚稳稳地抓住边缘的树枝时，妈妈也出现在了巢穴的边缘上。就在我不解地望着妈妈时，她猛然扑向我，我的身子迅速地向山谷坠落下去，我不知所措，心里充满了恐惧，我年幼的生命就这样结束了？这样摔到谷底，我会粉身碎骨的。妈妈，你怎么这么狠心呀，我不是你的孩子吗？我不知道该怎样解救自己，我突然回想起妈妈给我喂食时拍打双翅的样子。于是我便努力伸开双翅，拼命地拍打着。我突然感觉身子不再往下坠了，我试着向谷底望去，下面的怪石巉岩似乎向我张着血盆大口，我又惊出了一身冷汗。就在我慌乱的时候，身子又开始往下坠，我紧紧地闭上了双眼，等待死神的降临。说时迟那时快，我身子底下感觉到了一个软软的东西。我慢慢地睁开双眼一看，是妈妈张开硕大的翅膀托住了我。我生气了，恨她刚才把我推下巢穴。我想挣脱她对我的保护，又开始拼命地拍打翅膀。我离开了妈妈的后背，身子也开始轻盈起来。这时，妈妈飞到了我的前面，她有节奏地拍打双翅，我模仿着她的姿势努力地拍打着翅膀。

我突然明白，妈妈把我推下巢穴是为了让我掌握作为一只鹰必须具备的最基本的本领——飞翔。我跟着妈妈轻盈地飞翔着，我的心也跟着轻盈起来，我不但把自己的性命保住了，而且还学会了飞翔。

今天，我已经成长为一只翱翔于蓝天的雄鹰，当我蔚蓝在天宇中与白云亲吻，与风儿簇拥时，我得感谢妈妈，是她让我在险境中学会了飞翔。

我是一块泥土

欣　然

在一个小小的村庄里，有一个和别处不一样的大花园。从花园的房子里飘出一缕淡淡的清香。你别以为这清香是从花儿的身上飘出来的。这是从我——一块不起眼的泥土里飘出来的香味。别不相信，我从一块不起眼的泥土，蜕变为一块神奇的泥土，还有着一段与众不同的经历呢！

那是很久以前，我是那样的卑微，曾被无数的人践踏，也曾被无数人讨厌。"真是讨厌，这可是我刚买的新鞋子，竟然被这块泥土给弄脏了，我回家又要洗鞋子了。"字字句句敲击着我柔弱的心。

直到有一天，我和我周围的兄弟姐妹们所在的地方变成了一个花园，我们每块泥土上面都种了一株株鲜艳的蔷薇。看到这些新朋友，我十分开心。有一天，我友好地对它说："你好呀！美丽的蔷薇，我们交个朋友吧！"可我们高贵的蔷薇似乎不领情，它冷冷地说："像我这样高贵、美丽的花儿，哪是你们这些泥土高攀得上的，我呀，从来都只跟像我一样美丽的花儿做朋友。"说完，还优雅地摆了摆它那曼妙的身姿，就再也不理我了。

看着其他泥土都与它们的花儿和谐相处，再看看我头上的高不可攀的蔷薇，我不禁自卑起来。但没过多长时间，冬天来了，蔷薇也

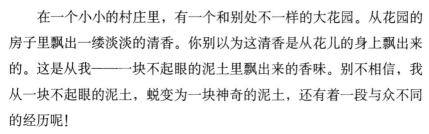

我是一粒莲籽

枯了。我伸开双臂，慷慨地把它们拥入怀里，片片花瓣融入了我的肌肤。

就这样，过了一天天，一年年。我头上的花儿开了又枯，枯了又开，而我也接纳了一片片、一代代枯萎了的蔷薇花瓣。直到有一天，奇迹在我的身上发生了。我竟然能散发出淡淡的蔷薇香味。

时光荏苒，我的主人换了一代又一代，但我的心里却一直忘不了这一件事——包容也是一种美，它总会在不经意间送给我最好的礼物。

054

走进秘密乐园

　　几秒钟过后，我果真变成了一个美丽的小天使，并且我的后背上还长出了长长的翅膀，张开翅膀，我一下子飞到了秘密乐园的上空。我自由自在地飞翔着，我给买火柴的小女孩儿送去温暖，给饥饿的孩子送去食物，给孤寡老人送去了慰藉……

荷叶，那样美

王诗仪

　　"母亲啊！你是荷叶，我是红莲，心中的雨点来了，除了你，谁是我在无遮盖天空下的荫蔽？"

　　诗句将母亲比作荷叶，使我动容。从古至今，有陶渊明的菊，周敦颐的莲，还有世人的牡丹。可是，我却独爱我家乡的荷叶。

　　夏季，烈日炎炎，路过荷花塘，一阵阵清香扑鼻而来。循香而望，池塘里的荷叶挨挨挤挤的，碧绿的荷叶像一把撑开的小伞，而每一把伞下，都有一位羞答答的花仙子，粉色的、白色的，在荷叶的遮蔽下尽情地舒展斗艳，真应了那句诗"接天莲叶无穷碧，映日荷花别样红"。

　　我和几个小伙伴像发现了宝藏一样，飞也似的跑过去。池塘边，我们细心地挑选着，不过，那娇滴滴的荷花可入不了我们的法眼，我们寻的，只是那不起眼的荷叶。

　　荷叶的大小各异，有的大如圆盘，有的小如碟儿。荷叶的形状也各不相同，有的全部舒展开了，有的却还半卷着。

　　经过一番挑选，终于找好了自己喜爱的。可别小看了这荷叶，它的用处可大着呢！

　　我们把荷叶的杆去掉，把荷叶顶在头上，瞧，一顶纯天然的遮阳帽完成了。一阵欢声笑语过后，我突发奇想：天这么热，我们何不用

荷叶做把扇子呢？想到这，我立马把我的想法告诉了伙伴们。

他们竟都会做，还高举着自己的"杰作"得意地朝我炫耀呢？啊！原来我的创意他们早就知道了。没办法，不会这一手艺的我只好拜师了。可他们竟对我说："这么简单的东西都不会做，我们才不会教你呢？"

哼！有什么了不起，难道我真的不会做吗？

我把荷叶分成两瓣，将上面多余的部分去掉，下面的秆拆掉，这样"掐头去尾"后，一把扇子完成了，我把我的作品在他们面前晃来晃去，他们看见我手中的扇子，惊讶地张大了嘴，看见他们那样，得意的笑声又混合在荷叶的清香里弥散开来。

荷叶，你不仅仅带给我们方便，也带给我们无尽的快乐，荷叶，你不仅是我童年的快乐记忆，更是我前进路上不顺时心灵的荫蔽。

雨

周小孜

忽然间黄昏变得明亮，
因为此刻有细雨正在落下，
或者是曾经落下，
下雨无疑是一件，
发生在过去的事。

——博尔赫斯《雨》

走进秘密乐园

我看见玻璃窗中，倒映出一个女孩儿的身影。她的世界与我并没什么差别，不过是那背景一点点趋于黑暗，不，不是黑暗，而是一种晕开的灰色，消散在对面的建筑中。女孩儿出神地凝望着这边，而她的眼神苍白空洞。

那张脸变得扭曲、分裂。从裂缝中又分出枝丫来。是雨，盼望已久的雨，淅沥沥、哗啦啦的雨。

炎热的天气，突如其来的脾气，仿佛永远没个头的事情，都在这场雨中分离、崩塌、淹没吧。

我看见路口亮起了绿灯。街上的行人步伐矫健而欢愉。湿漉漉的路面倒映出点点滴滴的灯火。树木动了起来，抖动着多日的尘埃与疲惫，在这场大雨中重获生机。

哒哒的，像行军的战马，打在窗上。玻璃上蒙了一层雾，薄薄的，一触即碎似的。

有那么一瞬间，我一个激灵，有某个人的眉眼浮现在我眼中，等我细看又消散在空气中。空气中混杂了泥土与尘埃的味道，还有如约而至的欣喜，就像……就像一个小女孩儿用刚吃完柔软的棉花糖的草莓色的嘴唇吻过你那苍老而松弛的脸——等得很久却没有被辜负。

此刻的黄昏暗暗的，又透出一种轻纱似的质感，慵懒愉快。

谁看见雨落下，谁就回想起过去，幸福的命运向他呈现了一朵叫作玫瑰的花，和它奇妙的、鲜红的色彩。

云

刘顺平

天空中有许多东西，云就是其中一种。

早晨，我站在窗台边，用惺忪的眼睛看着云，那时的云是朦胧的，纯白的，好似一件件雪白的婚纱呈现在我眼前，我揉了揉眼，伸了伸懒腰，打算到外面去更好地看看这云的姿态。

到了广场中央，四周的人们正在晨练，天空是空旷的，一览无遗，加上云的点缀显得更加美丽。

此时，太阳起床了，周围的云都包围着它，像是要替人们遮挡强光似的。几缕阳光穿过云朵，照向大地。人们的脸上露出了笑容，尽情享受着日光浴。

我陶醉了，静静地看着天空中的云。她时而变幻成冰激凌，时而摇出一把大扇子，是想为我们送来凉爽吗？一会儿又幻化出一些小动物：兔子像在狂奔，乌龟像在散步。这无疑是给天空增添了许多美丽多感的画面。时不时还有几架飞机飞过，给天空增添更多生机。

到了傍晚，云就像羞答答的小姑娘，悄悄地躲到了大山后面去了，与太阳一起，绕地球半圈。她走这么长时间，是为了以崭新的面貌来见我们吧！谁也不知道第二天她再来时会变成什么样，也许就是这样，来时带给人们满满的新奇，去时留下无限的神秘。

云啊云，你也有伤心时，每当这时，你会"号啕大哭"。不过，别担心，你的好朋友风来啦，她会为你吹干眼泪。地上的人们可要伤心了，你流的泪在不经意间打湿了人们还未来得及收起的衣服……

不过，你的眼泪，澄澈了天空，使天空洁净如洗；你的眼泪，湿润了土地，使土壤松软肥沃；你的眼泪，滋养了湖泊，使湖泊饱满丰盈。

云啊，你在天空展现美丽，在大地施展能力。没有你，天空就会浑浊；没有你，大地就会干燥；没有你，人们就会干渴。

因此，我要盛赞你——云！

曹操，我误解了你！

彭　程

小学三年级时，我在父母的引导下，读了《三国演义》这部书。从这本书里我了解到你——曹操。你因杨修的恃才傲物而杀死了他，你还因多年的积怨杀死了孔融，你也因中周瑜的反间计而杀死了你的得力大将蔡瑁。那时我觉得你是一个生性多疑的奸雄，当把你与刘备、赵云进行比较时，我甚至还对你产生了厌恶。

后来一次偶然的机会，我读了《观沧海》这首诗，我发现这首诗不但描写了沧海优美的景致，而且全诗奔放着诗人宽广的胸怀和豪迈的气魄。再看看诗歌的作者我奇怪了：一个生性多疑的奸雄怎会写出这样意境开阔、气势雄浑的诗句呢？带着这样的困惑我再一次细心地阅读了《三国演义》，接着第一次阅读了《三国志》，慢慢地，我发现——我错怪了你。

我觉得你是一个重义之人。当关羽带着二位嫂夫人投降于你时，你早就对关羽的英勇忠诚有所闻，因而你想纳他为你的部下。于是你便厚待关羽，每三天一小宴，五天一大宴，送金银，送绫罗绸缎，还送美女，但关羽就是不为所动。无奈之下，你只得放走关羽。关羽离开许昌后，过五关，斩六将，终于离开了你所控制的区域。试想：如果你不是一个重义之士，你会放走关羽并原谅他斩杀了你的六名大将吗？

我还觉得你还是一个懂孝之人。毕谌为你别驾时，后因判贼张邈劫持他的老母亲和妻儿与你挥泪而别，你曾赞叹毕谌，为他感动流泪。后来吕布兵败，毕谌被你生擒，大家都为毕谌担心恐惧。你却说："人如果能孝顺双亲的，岂不也必然能忠诚于君主吗？这正是我所需要的人。"之后你仍任毕谌为鲁相。试想：如果你不是一个对"孝"字有深刻理解的人，你会重新赏识毕谌吗？

我还觉得你还是一个慧眼识英才之人。当刘备兵败投奔于你的麾下，你曾评价刘备是人中豪杰。程昱曾劝你借机杀掉刘备，以免留下后患，但你拒绝了。你拒绝的原因不是不敢杀刘备，而是你怕寒了天下有志之士的心啊！试想：如果你不是一位慧眼识英才的军事家，而后怎会有三国鼎立的局面呢？

通过不断的阅读与思考，我发现我误解了你——你不是一个奸雄，而是一位给我们留下宝贵精神食粮的文学家，也是一位叱咤风云的政治家，更是一位能决胜千里的军事家。

走进秘密乐园

卢丽萍

　　有一天，马小跳把我邀请到了秘密乐园。

　　走进秘密乐园，我看到了几棵参天大树，中间的三棵枝叶相连。我迫不及待地冲了上去，一座房子一座房子地参观。参观完房子，我发现我出不去了。正焦急时，我看到了小书屋、沙发室、冰激凌屋、游戏厅。还有可以帮我们实现梦想的梦想吧。

　　我一个箭步冲进梦想吧，我的梦想是什么呢？我想了想，便脱口而出："我想变成美丽的小天使。"几秒钟过后，我果真变成了一个美丽的小天使，并且我的后背上还长出了长长的翅膀，张开翅膀，我一下子飞到了秘密乐园的上空。我自由自在地飞翔着，我给卖火柴的小女孩儿送去温暖，给饥饿的孩子送去食物，给孤寡老人送去慰藉……

　　我已经在空中飞了很长时间了，我想马小跳应该在等我了吧，于是我又飞回到梦想吧。回到梦想吧，我突然想到，我可以把我想离开这里的想法告诉梦想吧呀，于是我说："我希望现在离开这里，找到马小跳。"

　　几秒钟之后，我又回到了马小跳身边，我对马小跳说："马小跳，我以后可以常来这个地方吗？"

马小跳爽快地说："当然可以呀。"

我高兴得手舞足蹈。

我和书的故事

王思颖

书是我最好的朋友。

我们公安在历史上出了位名人，他可厉害了，囊萤苦读成名，被写进了《三字经》，成为历代读书人的典范。也许是受了这位老祖宗的影响吧，我也特别爱看书，有时一看书就忘了吃，忘了睡。关于我看书，还有许多酸甜苦辣的故事呢。

记得那是一个寂静的夜晚，我坐在床上看着沈石溪写的动物小说《老猴赫尼》，妈妈不知什么时候走了进来，把我手里的书拿掉了，一个劲儿地催促我："快睡觉，你看看都几点了还看书，明天早上还要上学，你想迟到了被老师罚站吗？"说完便准备把书拿走。我一下子急了，我正看到第一章"刀疤豹母"里面最精彩的情节呢，我见妈妈准备把书放回书房去，灵机一动，使出我平时在奶奶面前屡试不爽的招数，开始找妈妈撒娇："我亲爱的妈妈，您就是圣母啊！您可否让女儿再看上一小段，就一小段，您就行行好吧！女儿知道您特别善解人意、通情达理，您肯定会同意的，对吗？我超级好的妈咪！"可在奶奶面前撒娇卖萌这一套撒手锏竟然在妈妈面前失效了，她毫不动摇地说："别想用甜言蜜语来迷惑我，我可不吃你这套，你现在的主要任务就是马上睡觉。"我一看情况不妙，只好躺下装睡了。妈妈在床边坐了会儿，以为我睡着了，便也起身去睡觉了。我听见了妈妈关房门的声音后，立刻从被子里爬起来，起身往房间外面望了望，客厅没有人。耶，我终于可以安心地读我心爱的书了。我光着脚，像贼一样，小心翼翼地踮着脚从我爸妈的房间走过去，生怕把妈妈吵醒了。我走到书房里，开始在书柜上找我还没看完的《老猴赫尼》，咦，书呢？该不会是被妈妈给藏起来了吧？我想着，继续找那本书，压根没注意到妈妈从房间里出来了，本来妈妈是朝厕所的方向走去的，可经过书房时，觉得有响声，便推门进来了，一看是我，便问道："小祖宗，你在干什么，怎么还不去睡觉？"我被突然出现的妈妈吓了一跳，大喊："鬼啊！"可仔细一看，是我妈，不用我说，你们就知道了吧！那天老妈给我加了一道额外的"消夜"——"竹笋炒肉"。

还有一次，我正在看书，妈妈推门进来了，吸取上次教训，我立马把书放在枕头下，钻进被子睡觉，妈妈看我表现良好，便安心帮我掖好被子，关了房里的灯出去了。我在确定爸爸妈妈都睡着了后，才下床打开灯又津津有味地看起书来，没想到又被起来给我盖被子的妈妈抓了现行，不用说，等待我的又是一顿"竹笋炒肉"呀。

后来我还试过等妈妈走出房门，得意地拿出我白天找到的好帮手——手电筒，躲在被窝里看，也试过将房门反锁，让妈妈不能一下子进门来，可我妈就是现代版的福尔摩斯啊，这所有的伎俩在妈妈面前都是雕虫小技，在窃读的游击战中，我永远是妈妈的手下败将。

不过随着我成绩的上升，阅读视野的开阔，妈妈也逐步意识到读书给我带来的益处，虽说到了规定睡觉的时间依旧不许我看书，但节假日带我去新华书店的次数多了，有时候，会和我在书店一待就是半天，平时生活节俭的妈妈，对我买书却毫不吝啬，所以"竹笋炒肉"虽未少吃，但我看过的书却一天天多了起来。

我想在我今后的人生路上，书会是我永远的好朋友，我和书的故事也会一直给大家讲下去。

读《草房子》

高 琪

在假期里，妈妈给我买了一本《草房子》。自从拿起这本书，我就被它深深地吸引了。

《草房子》里有一群活泼可爱的孩子：天生秃顶而又坚决维护自己尊严的秃鹤；生活在红门中后突遭家庭变故的落难王子杜小康；聪明，漂亮，体贴，身世是个谜的纸月；还有倔强而又早熟的细马……

小男孩儿桑桑是一个乐观开朗但又古灵精怪的孩子，在这六年的小学生活当中，他经历了无数个感动人心的故事，但是他也从这些故事中明白了一些道理，善良、自信、顽强、坚持……这一切的一切都在他的心田里种下了一粒种子，一粒爱的种子。

我最喜欢书中的一个情节：在炎热的夏天里，桑桑看到冰块被棉被包裹之后，不会解冻。于是他突发奇想，那么人穿上棉衣棉裤，肯定要过很久才会感到热。于是他就穿上了过冬的棉衣棉裤，戴上了棉帽，大摇大摆地进入了学校，他一进去，立马成了全校的热点，全校的同学也跟着笑了起来。我当时看到这里觉得桑桑真是一个天真可爱而又爱幻想的孩子！

《草房子》的美，就像铺在房顶上的茅草一样，经过了时间的洗礼，却不腐朽。本书以淡淡的语言，细腻的情感，展现了每个人不同的成长历程：秃鹤从自尊走向自信，杜小康坦然面对现实，细马毅然挑起生活的重担，桑桑勇敢坚强地战胜病魔……他们在成长，我也跟着长大。

《草房子》是曹文轩对童年生活的回忆，那个充满阳光的草房子永恒地留存在了他的记忆里，愿我们每个人的童年都拥有一间这样充满爱与温暖的房子。

乒乓童年

罗子渲

"乒乒乓乓、乓乓乒乒……"阵阵清脆悦耳的声音，总会把我拉进快乐幸福的童年。

我清楚地记得，那是一个云淡风轻的日子，学校正在举行运动会，那时我还只是一个七岁的小学生，班上的乒乓球人才奇缺，老师便把我推出去"滥竽充数"，毫无悬念，第一轮我就被淘汰了。输球后的我却得到了老师的鼓励，我决心苦练基本功，力争下次为班级争得荣誉。于是每天一放学，就缠着爸爸带我去练球，渐渐地我爱上了这项运动。

每天放学后，除了完成家庭作业，打球是我最乐意去做的事。即使刮风下雨，我也会与朋友们聚集在乒乓球台旁。风儿雨儿逗得我们的球四下飞蹿，可我们却自得其乐，快乐地追逐着调皮的球儿。风儿的翅膀越拍越快，雨儿的脚步也越走越急，细密的雨点和着汗水，在我们的头上凝结成一串串银色的珠子，顺着头发滴落下来，而我们的脸上却依然洋溢着欢快的笑容……直到球打落在球台上再也弹不起来了，我们才依依不舍地离开。有人虽在喋喋不休地抱怨这糟糕的天气，但我们又在不停地相约下一次什么时候再相聚。我则在心里盘算着下一次出个什么招数才能把对手给制服了。

我的球技在不断地进步，我开始向高手学习，只要一有时间，我就会收看体育频道的乒超联赛。不知不觉中八一队的王皓成了我的崇拜偶像，他那招直板横打十分"拉风"，我便经常偷偷模仿，在与朋友打球时，我喜欢悄悄地支出这招，刚开始时，我总是以失败告终，但我没有放弃。每天放学后，我便央求爸爸陪我苦练这一招。呵呵呵……在我不懈的努力下，我终于"修成正果"，这一招现在还成了我制胜的"撒手锏"呢。

现在，打球的时间越来越少，但每个周末，我都会忙里偷闲，挤出一点儿时间去和好朋友打打球，放松放松，因为在这里，我依然能享受童年的快乐。

"乒乒乓乓，乓乓乒乒"，我想乒乓球会伴我一生，但童年却只有一次。

那天，我捡到了快乐的钥匙

邹祖胜

光阴荏苒，我已从爱幻想的小孩儿长成了一个懵懂的大男孩儿。

我不再迷恋动画片，如孙悟空和奥特曼等，我喜欢上了运动，尤其是爱上了篮球。

篮球是一项有对抗性的运动项目，身高上的优势在球场上有着绝对的竞争力。可我偏偏是个矮个子，整个身体也略显单薄。和别人一对一的对抗总是受到阻挠。于是不服输的我偷偷地苦练基本功，练运球、上篮、投篮等一系列的招数。我渴望能在球场上充分发挥自己灵活机动的优势，以此来摆脱对方的防守。

可篮球终究是一项巨人的运动，尽管我的技术十分娴熟，可是在突破高个儿们的防守时，总是被盖帽。记得有一次球赛，我本已经摆脱了他人的防守，自以为可以顺利上篮了。可谁知，半路上杀出个程咬金，对方的中锋几乎没有起跳就将我的球盖了下来，球就像煮熟的鸭子从我手中飞走了。

渐渐地，我自卑起来，在球场上的我不再那么富有激情。而且只要是我可以突破上篮的时候，我都会有几分犹豫，失去得分的机会。

直到那天，我才捡回了我失去已久的快乐的钥匙。

那是一个春光灿烂的下午，我同朋友们兴致勃勃地来到了球场上，比赛一开始，队友们接二连三地将球传给我，并时时鼓励我："抓准机会，上篮，投篮。"可我还是有些唯唯诺诺，我又把球传给了队友，队友毫不犹豫地把球投出去了，球进了篮筐。队友神情快活，仿佛前方有耀眼的光芒照亮了他的眼睛。我也被感染了，是啊，我们的目标是进球得分，这军功章不也有我的一份功劳吗？我何必那样郁郁寡欢呢。比赛还在继续进行，球又到了我的手上，又是突破上篮的最佳时机，我不再胆怯，利用自己个小灵活的优势侧身摆脱了对方的防守，将球稳稳地投入了篮筐，而且还是一个空心球。球场上顿时响起了队友们热烈的掌声。

接下来的比赛，我将自己的各门招数发挥得淋漓尽致。有了我与队友们默契的配合，我们队似乎成了一个不可战胜的集体。我们以团队的力量赢下了这场比赛。

坐在球场上休息的球友快活地谈论着刚才的比赛，他们的谈笑声显得那么悦耳。快乐的气息弥漫开来，萦绕在我的周围。望着宽敞的球场，我笑了，我想今天的我已经用自己的双手捡到了两把快乐的钥匙，左手捡到的是自信，右手捡到的是合作。

"开心"除夕

桑严严

放寒假那天，爷爷来接我回家，一路上想着爸爸就要回来过年了，我一定要尽快完成寒假作业，这样就能和爸爸、爷爷奶奶一起快乐乐过大年。

到了腊月二十八这天，我想就要过年了，给爸爸打个电话问一下他什么时候回来。于是我拨通了爸爸的电话，我激动地问爸爸："爸爸，你什么时候回来呀？"

我静静地等着，电话那头传来爸爸的声音："儿子，今年过年我可能不回来了，我打算留在厂里加班。"

我像中了雷击一样，呆呆地坐在原地，这时爷爷奶奶也过来听电话，爸爸在电话里继续说："儿子，作业完成了吗？"

"早完成了。"我的眼泪像断了线的珠子。

"这就好，儿子，在家要听爷爷奶奶的话。儿子，我不在家，就靠你尽孝心了，你快上中学了——不小了。天冷要多穿衣服，你要学会照顾自己。"

"……"

"儿子，喂，儿子。"我已经泣不成声，放下了手机，任凭爸爸在电话里呼喊。爷爷见状接过了电话，只听爷爷说："喂，儿子，你怎么不回来了？厂里还有其他人没？好，哦，你别担心我们。你一个人在外要照顾好自己，不要感冒了。要注意安全。过年开心点儿，买点儿好吃的。喂，儿子，喂？"爷爷将手机还给我，虽然电话没有挂断，但那边已经没有声音了。

除夕那天我起得很早，放鞭炮，打扫清洁，贴春联，帮奶奶做团圆饭。因为有我帮忙，今年的团圆饭做得比往年要早，不到十一点就做好了，奶奶开心地说这是个好兆头，团圆饭早明年什么事都不会落后。虽然人比往年少，但团圆宴上的菜比往年还多。我记住了爸爸的话："过年开心点，不要让爷爷奶奶伤心。"餐桌上我高兴地为爷爷敬酒，为奶奶夹菜，尽量讲些开心的话，爷爷奶奶不时开怀大笑，夸我懂事了。那天，我第一次陪爷爷喝了啤酒。

爷爷奶奶似乎很开心，吃过团圆饭，爷爷特地将手机递给我玩，要知道平常日子，他们是绝不让我玩手机的。我玩了一会儿手机，给爸爸发了一条信息，但没有得到回音。我又开始伤心了，爷爷见我闷闷不乐，关心地问："怎么了？是不是喝醉了？"我装作无所谓的样子说："没什么，只是有点儿困。""那你去睡会午觉吧，晚上陪我去送亮。"我回到自己的房间，躺在床上，想到妈妈的离去，爸爸又远在他乡，想到以前一家人亲亲热热，泪水就流了下来。隔壁的鞭炮声响起来了，他们开始吃团圆饭了，开心的笑声传到我的耳朵里，我躺在床上开始啜泣。房门开了，爷爷走了进来，看见我坐在床头，便问："你，没睡？"我抱着爷爷伤心地大哭，说："爸爸他今年怎么不回来过年啊？"爷爷叹了口气，说："孙子，我知道你想妈妈爸爸，我们也想啊！"我看见爷爷深陷的眼眶已蓄满了泪水。他坐在床沿上抚摸着我的头，安慰我："孙子，不要紧，你爸爸今年没回来过年，他明年一定会回来的。他这样吃苦是为了我们好啊，我们应该开心。孙子，听话。"我拭干了眼泪，爷爷安置我睡下。

一会儿我就睡着了，做了个梦，我梦见爸爸正在回来的路上，忽然爸爸又消失了。我被惊醒，看看空荡荡的房间，家里静寂无声，我又伤心地哭了。想到晚上还要陪爷爷去送亮，我赶紧拭干了泪。

礼　物

马豪宇

盈盈月光，我掬一杯最清的；落落余晖，我拥一缕最暖的。萋萋芳草，我摘一束最灿的；漫漫人生，我要采撷世间最重的——坚强。

我的数学成绩在班上一直名列前茅，各类考试，我从来没有失败过。但那一次期中考试，我却一败涂地。

当试卷发下的那一刻，我简直不敢相信自己的耳朵：六十六分。总分名次，我被排在了年级倒数。老师们气愤的批评，爸爸妈妈失望的指责，同学们幸灾乐祸的挖苦以及试卷上那一个个深红色的大叉，都如利剑般深深刺痛了我的内心。接下来的日子里，我的心情越来越糟。可一天早晨，我课桌上那个神奇的礼物改变了我。

虽是早晨，可苦重而炎热的空气仿佛停滞了，火辣的脸愁苦地等待着风，但风却不来。我迈着沉重的步伐走近教室，突然发现桌上多了一个精致的礼盒。我漫不经心拆开一看，原来是一个不倒翁！它并不高大，似乎一阵风都能将它吹倒，但却流露着一股傲气。我用手指轻轻将它一弹，它就立刻倒下了，但没过多久它又顽强地站了起来。它就像一位打不败的战士，失败了，不放弃，站起来，继续向前进。此时，它又仿佛在嘲笑我，嘲笑我的胆小、怯懦……我静静地注视着它：人的一生不也正如不倒翁一样吗？跌倒了，不放弃，爬起来，继续向前走，抵达人生的彼岸。于是我调整好了自己的学习状态，又投入到紧张的学习中。并暗下决心，一定要在期末考试中一雪前耻。

在坚持与等待中我迎来了期末考试，这一次我如愿以偿了，我没有让那个送礼物的人失望。我坐在桌前轻轻地抚弄着这份特别的礼物，它一如往昔。至今我还不知道送这个礼物的人是谁。他也许是朋友，也有可能是同学，更有可能是老师。但这份特别的礼物悄悄地帮助了我，改变了我。

走在放学的路上，晚风轻轻地吹过，田野上烟消雾散，水一样的清光，冲洗着柔和的空气。我双手捧着这个珍贵的礼物恍然大悟：一个完美的人生不应该拘泥于命运的禁锢，听凭命运的摆布，而是应当奋力敲击神秘的门窗，使之洞开一个新天地。微笑着，去唱响生活的歌谣。

因为有了您

何潘奥

任时光匆匆流逝，最后，却还是寂寞依旧。在人生的戏剧里，也许，我们每个人，都只是时间里的过客，那些曾绽放在斑斓校园里的微笑，那些为了考试而不惜披星戴月的学子，那些把讲台当作人生舞台的尊师……相信你我，都曾感激过。

我不是一个好学生，当您在讲台上唾沫横飞地讲解习题的时候，我却在书下悄悄地描摹着我最喜爱的卡通漫画；我不是一个好学生，在您为批改我作业而花费了近半小时时，殊不知这份作业并不能表现"真实的我"；我不是一个好学生，在您不知情之际犯了错，我居然只字不提……我本认为我将只能随波逐流，毕竟我对班级不会有扭转乾坤的影响，而我，也仅仅是一棵无人知道的小草罢了。

但是，因为有了您……

您没有当着全班同学的面，说出我一直以为您会数落我们这些所谓后进生的言辞。那时您只教会我们解读"少壮不努力，老大徒伤悲"；那时您并不认为种种不思进取是一个学生堕落的表现；那时的您只是说你们会逐渐走向社会，一切将靠自己打拼，优胜劣汰是必然，但不能丧失斗志；那时的您也时时感慨：你们学习压力真的很大，但你们要深信，每个人都有存在的理由，应该用自己的光与热去照亮属于自己的灿烂天空。

考试过后，名次的前后总是不可避免的。至于我，已经麻木了，以前的老师曾用无数的修饰语来描述我"突出"的成绩。这次，我也只能硬着头皮听凭老师的发落，但却迟迟未听到我名字。没名字的还有几个同学，您郑重其事地发话了，"没听到名字的同学，请记住：你们是真正的潜力股！"当时，你的表情严肃而又真诚。这一次，我没有面对对我漫不经心学习态度的指责。

或许，因为有了您……

黑板上，您解题的步骤一步一步更加详细；课间，您的身影留在了教室里，循循善诱的讲解开启了我无知的心智。从此以后，我知道，我并不是无人问津的小草；我想这次我真的可以竭尽全力地学习了，因为这不是我一个人的事，我不可以为所欲为，这承载了您的期盼；我知道，因为您，我的自信之门被开启了。

老师，因为有了您，我有了前进的动力；老师，因为有了您，我在一步步向前。

大女孩儿·老师·伙伴

蒋陈涵

她是我的小学老师，我所认识的她，是一个爱笑爱闹、开朗调皮的大女孩儿。

记得排练节目那会儿，我和几个同学一起演舞台剧。我演的是一个强势傲慢的女孩儿。这性格跟我平常的作风反差挺大的，以至于我在扮演的时候总是畏畏缩缩，没能进入角色。"呃……还是让本小姐来示范一下吧！"老师笑了笑，走到我面前。接着，只见她将手缓缓一抬，兰花指顺势抚过她长长的头发，头也配合着轻轻一偏，头发便在空中摆过，然后搭配她的一丝轻蔑的白眼在空中滑出一道极其傲慢的弧线。最后，她将五个指头分开，遮住半边脸，眼睛再次斜扫过去，并发出"呵呵呵"的嘲笑。然后，望向早已傻掉了的我，说："哈，看懂了吧！"

于是排练继续进行，到了结束时，便是最热闹的时候。我们看到棍子，嘻嘻笑着拿起来扮演老太太，还扮演碰瓷的情形。老师跟着我们一起欢笑，但是吵闹大得几乎快要掀开屋顶。她便捂了捂耳朵，又摇了摇头，转身走向门外，边走边说："唉……算了，我买药去。"

周三是她的晚自习，我们在前一天得知周三是她的生日，便一大早就开始准备，准备彩带、蜡烛、泡泡，还在黑板上画画。等她一来，我们便立刻点上蜡烛，一起欢呼。前几秒，老师明显惊呆了，睁大眼睛不明所以。接着，她才眼睛一弯，嘴角勾起弧度，笑了。过了一会儿，只见她轻轻地掏出手机，打开了照相机。一看到这情景，我们便一窝蜂地冲上去，抢镜头。于是，她抬起眼，眼里飘过一丝坏笑："嘿嘿，我自拍呢！凑过来做什么？"

"噫——"我们失望地发出一声长叹。不过，我还是瞟到了她拍的照片，原来她的照片里全是我们……

课堂上，她不时会整出些有意思的小游戏，逗得我们哈哈笑；课下，她是个爱吃零食的"馋师"。她总会说出些调皮的话，在我们身边总会发生许多有趣的事……

那个像大女孩儿一样的老师，早已成了我们的好伙伴。

我的数学老师

汤孜怡

六年了，一转眼，我的小学六年就要从我的身边逃离，一切都太快，太快了。时间追不上，过往抓不住，那些鲜活的表情也一个个飞奔而去。可我希望能留下对您的回忆。

我们和您的第一次见面，是在四年级的开学，尽管只共处了短短的两年，可您对我的影响有一辈子那么深远。那时才刚分班，最喜爱的数学老师被调走，自然地，在如今看来再幼稚不过地对您产生了抵触情绪。数学第一次单元考试，平常成绩不错的我没有考好。您下课后过来询问我，可谁也没有想到，包括我自己也是——我对您大吼大叫，发了很大的脾气。可能是心情不好，也可能是对自己太过失望，但无论如何都不该成为您原谅我的理由，但您原谅我了，不但原谅了，还过来安慰我。谢谢您的宽容。

您同时也是第一个记住我名字的老师。我名字中间那个字，别人总是把它念成"子"，任我纠正了多少次也改不过来，若它能说话，天知道会向我倒多少苦水！可您一次就记住了。您的第一堂课，念花名册念到我的名字时，我举起手来请您改正，您笑得很慈祥，爽快地回应："好，我会记住的。"感谢您对我名字的尊重。

有一次晚自习，才调换了座位，我和同桌很是投缘，那天的课上几乎都在和她说话，那天晚自习讲卷子，我和她变得越发忘乎所以。突然，春天的惊雷似的，您叫出了我的名字："给我回答一下这个问题！"我如被人从后面提了脖子，一点一点从椅子上移了起来似的。"我……我……"声音小得自己都听不见。"你不知道！"您的声音一点点平静下来，"坐下吧，坐下吧。别再让我看到，绝对没有下次。"刘海儿如帘子般，我看不清您的表情。感谢您的警醒。

如今我已转学，我很想念您。想念您每天出的满黑板的题目，您那因为熬夜冒出的白发；想念您独特的教学方式，极不标准的普通话；想念您的小动作，从不带红笔的坏毛病；想念您穿了三个季度的外套，细看上去全是粉笔灰……

我很想念您，但更感谢遇见您！

老师的微笑

刘旺苗

还记得两年前，我上四年级。

那时的我懵懂无知，自信好强，从不轻言放弃。但是那次八百米长跑比赛，我差点儿就放弃了。

那一次，学校举行田径运动会，当老师说到长跑八百米比赛谁报名时，我毫不犹豫地举起手，虽然八百米有点儿长，但凭借我的"大长腿"一定能拿到冠军，所以我毫不犹豫地报名参加了这项比赛。

那天是阴天，很沉闷，好像是要下雨了，我们的长跑最后举行。一声枪响，我们都如一支支脱弦的箭一样飞射出去，我则凭借大长腿很快占了优势。这时，天空下起了毛毛细雨，地上慢慢变湿了，但并没有阻碍选手们向冠军进发的脚步。一圈跑完，我便感觉到体力有点儿不支了，我感觉脚步越来越沉重，看着对于一个一个从身边"飞"过去，我更加着急，我有些不甘，开始发力，拼尽全身的力气，终于又追到了前面。离终点还有半圈，我使出了浑身解数。可是，谁也没想到，我的脚一滑，摔倒了，身体重重地摔在了跑道上，膝盖渗出了血。我趴在地上，双眼已经模糊，后背早已湿透。放弃吧，放弃吧，放弃吧，这样的念头不停地在我脑海中闪现。我抬起头，朦胧中看到了班主任正着急地向我跑来，他在向我点头微笑，这微笑犹如冬日里的一缕阳光，温暖着我，给我站起来的勇气和力量。我咬紧牙关站起来，向终点跑去。我是最后一个冲向终点的，但我感到很骄傲，因为我坚持跑完了这八百米。

我想，如果不是那阳光般的微笑，我可能完成不了这项比赛。

"破镜"重圆

蒋文康

身为科学迷的老爸，书桌上无时无刻不堆满科学杂志。今天也不例外，当我走过书桌的时候，我眼睛的余光扫到一篇文章：用削尖的肥皂在镜子上乱画，可以让镜子看起来像破裂的碎片。今天正好是愚人节，不如……嘿嘿，逗逗爸妈。

说干就干，我把弟弟叫过来一起干，弟弟听了我的点子，高兴得拍手叫好。首先，我们找来一块肥皂，拿刀把它削尖，接着，我要开始画我的大师作品了，左一笔，右一笔，上一画，下一画……随着我龙飞凤舞，镜子瞬间就变了模样。望着我的杰作，想着父母看到它的样子……哈哈，等着看好戏喽！

"嘎吱"，妈妈回来了。我赶紧跑到房间里装作什么也不知道的样子"认认真真"地做作业。

不一会儿，我就听到了河东狮子吼："儿子，你过来，这个镜子是不是你摔碎的？"

我无辜地摇摇头说："怎么可能，我没有啊，不是我。"

我故作镇静，可是心里早就笑岔了气。就在我被妈妈质问的时候，爸爸回来了，他问清楚了事情的来龙去脉后，又慢慢地走到镜子前用手轻轻地摸了摸镜面，回头神秘地对妈妈说："古今都说破镜难重圆，而我今天就给它圆起来。"不好，莫非爸爸知道了，我还是再看看，万一他也是故弄玄虚呢。只见爸爸拿来一块湿抹布，把镜子擦了几下，镜子就恢复了原状。我在一旁诡秘地冲着妈妈笑着，妈妈却是满头雾水。

爸爸见状，一语道破天机："这是你的宝贝儿子在逗你玩呢。"

只见妈妈脸上的表情在发生微妙的变化，她装作要打我的样子，我赶紧跑开，就这样，一场母子追击战打响了。

蚁　趣

余澄莹

我从小就有个爱好，喜欢观察蚂蚁。仅从颜色上分类，蚂蚁就有好多种：黑色的，褐色的，浅灰色的。我最喜欢褐色的蚂蚁。

上个星期六的中午，我目睹了一场"决斗"。我在屋檐下蹲着，一边吃馒头，一边用馒头屑引逗蚂蚁，真巧，一只小小的褐色的小蚂蚁，滑动着小脚丫爬到了馒头屑附近。只见它用额上的两根小得几乎看不见的触须碰了几下馒头屑。然后张开小嘴咬着馒头屑，高昂着头，向前爬去。谁知"祸事"来了，忽然一个"庞然大物"直奔它而来，抢夺小褐蚁的猎物。"庞然大物"原来是一只黑色的体态肥硕的大黑蚁，它舞动大腿，张开大嘴，凶神恶煞地抢夺小褐蚁的馒头屑。小褐蚁气定神闲，毫无惧色，拒不相让，它们碰撞了几下，就扭抱在了一起。我真为小褐蚁担心，担心它打不过比它身体大几倍大黑蚁。大黑蚁张牙舞爪，小褐蚁顽强反抗。这样僵持了一会儿，小褐蚁忽然放下馒头屑逃走了，动作迅捷。"呵呵，小褐蚁，你怎么能逃走呀？"我大声喊道。谁知我正失望时，来了一群小褐蚁，原来是小褐蚁叫同伴来了。这一群小褐蚁雄赳赳，气昂昂，排着长队和大黑蚁展开了决斗。一只小褐蚁爬到大黑蚁身上狠狠地咬了一口大黑蚁，大黑蚁翻了个身，似乎很疼，它拨开褐蚁群狼狈地逃走了。

于是这群小褐蚁合力抬着这片馒头屑，凯旋离开"战场"。

看完这些小生灵的搏斗，我不禁感叹：团结就是力量。

棉花糖变形记

　　"张大厨"不慌不忙地往锅底放上少许黄油。这黄油，像个顽皮的小孩子，穿着一双溜冰鞋，横冲直撞，冲到这儿，撞到那儿，好玩极了；又像一辆公交车，跑到这里，下了一个乘客，跑到那里，又下了一个乘客，最后消失不见了。

书 包 奇 缘

童 俊

有人可能会问：书包能有什么奇缘呢？呃……其实也没啥，只是一个关于书包的故事罢了。

我洗漱过后，习惯性地掏出手表，发现"情况不妙"，只有十几分钟就要上早自习了，所以奔向房间，却发现昨晚没写完的作业仍四平八稳地躺在书桌上的某个角落里，第一反应就是把它们当作地雷使劲儿"埋"入书包内，生怕"炸"了，塞得我满头大汗，书包拉链还没拉上，没管那么多，就奔向学校。

我急忙奔跑之时，隐约听见一阵吵闹声，却不知从何处传来。心想：不会有"鬼"吧？我的步子跨得越来越大，随之速度也越来越快，因为我实在太想离开这个"鬼地方"了。越想越不对劲儿，我气喘吁吁地把书包放在地下，顺手从地下拾起一根小树枝戳了戳，然而，这书包却抖了抖。也许是拉链没拉上，所以书本全都如洪水般地涌了出来，我惶恐地把书都收进去，像一只惊弓之鸟，背上包继续匆匆忙忙向前跑。

之后仔细一琢磨，这声音有可能是从我包里传出来的，便胆怯地说了一句："妖怪，别躲在我的书包里。"

"我可不是什么妖怪，我是住在你书包里的课本，由于你太不爱

学习了，所以，我们是来帮助你学习的。"想想自己平日里的表现，没办法，我只好默认。瞟了一眼手表，竟然离上课只有两分钟了。

不出我所料，我又迟到了。如往常一样——罚站、写检讨，弄得我既委屈，又尴尬。下课后，那些课本语重心长地说了一句"遗言"："要好好学习呀……"随之便"死去"。看着不再动弹的课本，我惭愧地低下了头。

一想到它们的"遗愿"，我便有了学习的斗志与动力。

寝室趣事

李若云

俗话说：家家都有一本难念的经。可是，到了我们这儿，就变成了"寝室有一本搞怪的经"。为啥？你快看呗!

包子的鼾声

"请问兄台昨晚听到包子的鼾声了吗？呼噜呼噜的让我一夜没睡着！""没有啊，我只是感觉整个寝室大楼都在晃，有种晕车的感觉。"

九九的脚臭

"紧急警报，九九要脱鞋啦，快跑！"一队人从509寝室里冲出来，训练有素地闪在寝室门外，捂住鼻子。片刻，509寝室，九九亮出了他那双发黄的白袜子和一双几代遗传的脚。烟雾和臭气迅速弥漫，方圆五里内连苍蝇都跑光。

"三炮"的歌声

人们都在叹息，脸上露出绝望的神色，因为有人在唱歌。

"三炮"手里拿着杯子当作麦克风，高唱着当今流行的歌曲：听，感觉到没有？我的心脏停跳了。纯正的海豹音震颤了玻璃，直入天际。

"宿舍规章制度中明确规定：不准在寝室内杀猪般号，否则要被剥夺住寝室资格。" 寝室长小淡的到来，使得"三炮"不敢抵抗，终于停住，众人得救。

"学霸"熬夜

全世界都睡了的时候，只有你醒着——你在被窝里写作业。

集 体 赖 床

"起床了，起床了！"强子又叫起床了，"好烦，别吵！"被吵醒的几个"大懒虫"伸个懒腰，打个哈欠，又睡着了，可谓是"晨风袭校园，懒虫一大片"。

几分钟后，灯"唰"的一下亮了。"好刺眼！""多睡一会儿嘛！""五分钟后再叫我起床。"周围响起一片嘟哝后便没人再管她们。"还有十五分钟哦，要迟到了……"大家听这话，如梦初醒，像面临火星撞地球般，手忙脚乱，惊恐万状。

嘿！嘿！嘿！此室只应天上有，人间难得几回闻。我坚信这样一个搞怪的寝室，一定会越来越好！

咱班的那些事

陈　飞

乐声悠悠满校园

咱班是一个热衷于音乐的班，无论何时何地，只要三五成群，校园就成了音乐天地。你瞧！小栖园那有几个人，我们去凑个热闹，然后献上一曲。我们围坐在石凳上，音乐响起："寒风飘飘落叶，军队是一朵绿花，亲爱的战友不要想家，不要想妈妈，待到庆功时再回家……""五星红旗，你是我的骄傲，五星红旗，我为你自豪……"让我们再来一首："团结就是力量，这力量是铁，这力量是钢……"一首首军歌荡漾在我们心间，我们快乐无限。

"丁零零……"上音乐课喽，老师打开电子白板，让我们一边做主科作业，一边听音乐。那可不行，我们可是"歌王组合"，好不容易从班主任那要了一节音乐课，肯定得唱唱。我们个个丢下手中的活，抬头挺胸，深呼吸，准备高歌一曲，这一唱啊，整个校园都飘荡着咱班美妙的歌声。

书声琅琅显激情

咱班的同学不但有音乐天赋，阅读能力也比其他班好。早读课刚上，咱班的教室就坐满了人。班长发出口令："一二三，开始读！""先生不知何许人也，亦不详其姓字……不戚戚于贫贱，不汲汲于富贵，其言兹若人之俦乎？"环境优美的教室，端正挺立的腰杆，整齐响亮的读书声。从咱班经过的人，不得不赞曰："这个班的班风好，学习成绩好，次次拿第一。"我们听到如此赞扬，别提多高兴，每个同学受到鼓舞，声音越来越洪亮。

生气勃勃展活力

阳光照耀着大地，一切生机勃勃，运动场上，发令枪一打响，飞毛腿们直向前冲，决不放弃，争夺冠军，跑道边的啦啦队也拉开嗓子："加油！加油！×××加油……"乒乓球桌上，乒乓球被球拍打得左一下，右一下，球都瘪了，还要争个高下；打羽毛球的学生可真够狠的，"唰"的一下，羽毛球飞到了树枝上；还有那足球场上，更是热闹，你追我赶，一个个生龙活虎……看看，运动场上的我们，同样不一般！

这就是咱班，朝气蓬勃，阳光快乐！

课间三大派

钟慕轩

对于学生，课间十分钟的教室算得上是"自由天堂"了，没有了老师的管束，班上也形成了三足鼎立之势，趁这难得的空闲时光各自逍遥。

闲 聊 派

此派最常见，均匀地分布在教室的各个角落，但还是要数正中央前三排最为"兴旺"。常常是邹同志闲来无事，随便扯起一个话题，马上左邻右舍，前排后位呼啦啦全涌上来了。偶尔不知谁说了一个笑话，一群人笑得疯疯癫癫，而且是一个接一个，笑得腰都直不起了。他们纯属"自娱自乐"，在旁人看来是莫名其妙，以为是精神病医院里跑出来的一群"病人"。

游 走 派

此派人物有一个共同特点，坐不住板凳，待不住教室。一下课，管他外面是刮风还是下雨，电闪还是雷鸣，只要下课铃一响，他们便会条件反射似的离开座位，好像那椅子一下课就会生出钉子一样，叫人坐不安稳，非要出去转悠几圈，要么到走廊散散步，要么就去邻班串串门。有时老师拖堂，他们早就按捺不住急切的心情，摆出俯身弓腰的架势，一脚早已踏出座位，只等老师一声令下，然后飞奔出去。

学 习 派

此派人物极少，善于"见缝插针"，利用闲暇时间学习，短短十分钟也不放过。好像他们的耳朵都有"过滤系统"，不管身边的"闲聊派"怎么吵闹，头也不抬，只有手中的武器——笔，在唰唰地写个不停，简直到了"忘我"的境界，真叫人佩服。

"小橘子"逃生记

李恒骏

我和妈妈正走在回家的路上，突然，我在空调换气扇旁发现了一只色彩绚丽的小鹦鹉，我顿时大叫道："鹦鹉！别让它跑了！"妈妈回头一看，果真是鹦鹉！我和妈妈蹑手蹑脚地接近这只"不幸"的鹦鹉。可是鹦鹉也不傻，它左蹦右跳地躲闪，可能是太累了吧，不然怎么会被我抓到呢，它也是身怀绝技的呀！

我小心翼翼地把它给妈妈，就在这时，鹦鹉使出了它的绝技——"咬咬功"，一连把妈妈的手咬出了两道口子，妈妈大概太喜欢它了，依然没有松开手。就这样，我得到了第一只鸟。

因为我家是第一次养鸟，所以弄个鸟笼可不容易呢！我找到个小盒子，妈妈说："这个盒子可不行，既没有光，又太小。"奶奶找来了一个有孔的塑料盒，我和妈妈都觉得好，采光好，空气也好，简直就是阳光房呀。奶奶又找来一些玉米粒给它吃，它大概饿极了，没几分钟就吃完了。

有一次，我们吃橘子，我突发奇想：鹦鹉吃不吃橘子呢？我掰了一半，给鹦鹉吃。首先，它试探地闻了一下，然后慢慢地靠近橘子，又轻轻地啄了一下，它好像觉得蛮美味，最后大口大口地把橘子吃完了，一粒碎末子也不剩。我就给它取名"小橘子"。

又有一次，我把"小橘子"带出来玩，它装作很乖的样子，在我的手上安安稳稳的，任凭我怎样摆弄它，它都不飞走。

于是，我把它放在地上，谁知，它是在骗我！它奔向大门，幸亏我把门关上了。然后它就朝窗户飞去，就在这时候，我一扑，可惜没有扑着，它受到惊吓，一下子跳到台桌上，好像在笑我抓不住它，我火冒三丈，气得跳了起来。它却不理会，我一蹦，蹦到了台桌上，它又朝窗户飞去，我又一扑，又没扑着！上上下下折腾了九九八十一个回合。这时，我家三楼的刘老师把门打开了，"小橘子"朝外面的两棵桂花树飞去，多亏刘老师眼疾手快，帮我把"不听话"的"小橘子"抓了回来，不然，它就出逃成功了。

妈妈在网上订购了一个新鸟笼，今天到货了。

我们把"小橘子"从旧房子里"搬"到新家，奶奶在食物盒子里放了许多玉米。"小橘子"看到自己的新家里有一个秋千架，顾不得吃东西，就跑上去玩了。之后，它便开始在它的家探险，似乎在寻找可以逃生的地方，当时，奶奶正在系大门绳子，"小橘子"把奶奶的一举一动看得清清楚楚。等奶奶一走，"小橘子"又施展它的"咬咬功"，它啄住绳子的一端使劲儿一扯，又啄住另一端卖力地一拉，用身子抵开了门。还好，这一切没逃过我的法眼，不然，它又会出逃成功了！

你说，是人聪明，还是"小橘子"聪明？

可爱的宾果

李秋桦

宾果是姨妈家里一只可爱的宠物狗。姨妈家所有的亲戚都喜欢它。

它披着黑白相间的毛发，长长的耳朵耷拉在圆溜溜的头上，两只眼睛像两颗黑宝石，亮晶晶的，高兴的时候，还一闪一闪的，好像会说话似的。

它与其他的宠物狗不一样，它不喜欢吃肉食，特别爱吃水果。

它有时住在姨妈家，有时也到舅奶奶家去住，两个家里都有它的小居室。不过，它最喜欢和姨妈它们住在一起了，每当和姨妈分开一会儿之后，它总是要像个小孩子似的去姨妈跟前撒撒娇，撒完娇后，它就会趴在姨妈的腿上懒懒地睡上一觉。

它很可爱，也很聪明，有时还懂我们的心思，能与我们进行情感交流呢。

有一次，它跟着舅爷爷到我家来玩，一进门，它就"汪汪汪……"地叫个不停。我想与它握握手，于是，我在它的跟前转来转去，可它就是不理我，好像没看见我向它伸出的双手。这时，舅爷爷看见了，笑呵呵地对我说："你给它一粒葡萄，它就会跟你握手了。"我迫不及待地从水果盘里拿来几粒葡萄，递给它，它摇头摆尾地用嘴巴从我手中咬住葡萄，津津有味地吃起来。吃完后便瞪着两只亮晶晶的眼睛看着我，还把两只前爪友好地伸向了我。

这就是姨妈家可爱的宾果，我特别喜欢它。

我家的乌龟

陈　超

现在，每个人家中差不多都养宠物。我家养的是一只小乌龟，自从有了它，我的生活就更加丰富多彩了。

它刚来我的家时，害怕地躲在自己坚硬的壳里。渐渐地，它变得胆大了，它好奇地四处观望，最后又东爬爬西爬爬。后来妈妈把它放到一个小瓶子里，它拼命地往上爬，仿佛这个瓶子是一个监狱，而它是一个小囚犯，它要越狱。后来我和妈妈一起玩去了，等回来时，我们发现小乌龟不见了，我们急急忙忙四处寻找，发现它竟然藏在厨房一个阴暗的角落里。妈妈哭笑不得地说："好你个乌龟，竟可以从瓶子里逃出来。"

后来妈妈把它放到另一个地方——阳台的一个塑料箱子里面。我们在箱子里放了一块石头，还在里面加了些水，刚开始，它只是呆坐在新房子的角落里；但没过多久，它就满意地爬到石头上晒太阳去了。而这时，我可以仔细地瞧瞧它。它那坚硬的龟壳绿油油的，上面有许多的花纹，像一块绿色的大宝石，又像一团绿色的植物。

这只乌龟十分怕人，它每次见到我就缩起头，这让我十分生气。心想：我好心好意来看你，你却缩着个头，怪不得人们都说缩头乌龟，后来我才知道是乌龟很胆小。

看，我家的乌龟多么有趣，有空你也来看看这只小乌龟吧！

耀武扬威的螃蟹

贺乾峰

今天，妈妈从菜市场买了几只大螃蟹，准备为我做大餐。

待在木桶里的螃蟹可不老实了，发出"咔嚓，咔嚓"的声音。我好奇地来到木桶旁观看这些螃蟹。

它们的身体扁扁的，穿着灰绿色的铠甲。八条又长又细的腿上分别长有镰刀一样的爪子。它们用爪子使劲儿地抓住桶壁，向上攀缘，准备逃走。可当身体刚一离开桶底，它们却重重地摔了下来。它们可服输，高高举起两只像剪刀的大钳子，俨然一位位不可一世的大力士。我可不怕它们，拿来一根小棍子想与这些"大力士"斗一斗，还没等我反应过来，一只螃蟹猛地伸出它的"剪刀"一下子夹住了我的小木棍，我没了"武器"，就两眼盯着它们。抓住木棍的螃蟹像一位获胜的将军，转动着它的两只又黑又亮的小眼睛。

于是，我又拿来两根筷子夹了一只螃蟹放到地上。它获得了更广阔的天地，舒展了一下身躯，准备向前冲。我用筷子逗它，筷子一触到它的钳子，我就快速地把竹子抽开。它的两只大钳子扑了个空，似乎有些泄气，横着向前爬去，嘴里还不停地吐着泡泡。我还以为它生病了呢，跑过去问妈妈，妈妈笑着告诉我，这是小螃蟹在呼吸。

看着它继续耀武扬威地向前爬着，不时地挥舞着两把"大剪刀"，我真为它惋惜，它不知道它马上就要进蒸锅了。

一堂公开课

石呙威

今天下午有一节公开课，听说我以前的老师会来听课，我既激动又害怕，怕我表现不好，我希望自己能在老师的心目中有一个好的印象。即使我成绩只算中等，且没办法引人注目，但我的心里住着一个好强的我。

"丁零零——丁零零"上课铃声响了，全班鸦雀无声，不一会儿，六个老师都拿着笔记本走了进来，等他们坐定，我屏住呼吸，眼睛直勾勾地盯着黑板。"上课！""老师好！""坐下！"我们翻开数学书，老师说："我们上节课学了什么？"我看着笔记本，在嘴里小声地说道："二元一次方程的算术平方根、平方根和立方根……"我很害怕，似举未举的手暴露了我的胆怯。

但这怎么能满足我这颗好强的心呢？我必须继续努力举手才行，接着，老师在黑板上写了昨天练习册上的原题，鼓励我们上来演算，我看了看题目，虽然我昨天不大会写，但今天我已听懂，已吃透。我大胆地举了手，老师点了我的名。我带着试一试的心态做完，回到座位上忐忑不安地等待结果，如我所愿，都是对的。那一刻，我用不动声色的沉默掩饰着自己心里小小的骄傲！我发现学好数学也并不是很难。

这节课后，我明白了一个道理——引人注目不重要，学会了、吃透了才更重要。

棉花糖变形记

田琦钰

094

"成功啦！成功啦！"咦？这是什么声音？让我告诉你，此声音来自于宇宙部，地球村，中华人民共和国，湖北省荆州市公安县蒲公英绘本馆，你一定会问："发生什么事了？"我再告诉你："我们正在给棉花糖变形呢！"

我们的张老师，秒变"张大厨"，"张大厨"曰："我们来变个魔术，不过不是魔术师变的那种魔术。"我很奇怪，魔术不就是魔术师变的那个吗？怎么还有别的？

正在我苦思冥想间，"张大厨"便带着我们开始了"变形记"。

道具：棉花糖、奶粉、花生米、黄油、蔓越莓，不粘锅、酒精炉、酒精等。

"张大厨"先拿出酒精炉，放入酒精，她要点火时，我提醒道："张老师，小心别……"还没等我说完，老师就已经开始点火，一眨眼的工夫，火就熊熊燃烧起来。

　　然后，在酒精炉上放上平底锅，"熊熊烈火"烘烤着平底锅，"张大厨"不慌不忙地往锅底放上少许黄油。这黄油，像个顽皮的小孩子，穿着一双溜冰鞋，横冲直撞，冲到这儿，撞到那儿，好玩极了；又像一辆公交车，跑到这里，下了一个乘客，跑到那里，又下了一个乘客，最后消失不见了。

　　等黄油都熔化了，"张大厨"又拿出棉花糖，看着白花花的棉花糖，我真想咬一口，接着"张大厨"便把整整一袋的棉花糖，倒进了平底锅，让棉花糖穿上了金黄的丝绸外衣，白花花的棉花糖便没了影子。

　　然后放上了奶粉，"张大厨"用力搅拌，使棉花糖液与奶粉融为一体。最后放上花生米和蔓越莓，再次搅拌均匀，一张巨大的牛轧糖饼便呈现在了我们面前。

　　"张大厨"带着我们成功地完成棉花糖变形，同学们兴奋不已。

尝　　试

周宇航

　　放假了，我走在回家的路上，心情是从未有过的愉快，脚步也轻快敏捷了。这时，我又走到了我家门前的石桥边。

　　石桥前有一条水沟，沟的两边各有两个石墩，两墩之间的距离有一米多。石墩很窄，大人经过此处，都是从石墩上跳过去的。我一次也没尝试过，宁愿绕道而行，也不敢去冒这个险。因为要是脚不能稳稳地落在对面的石墩上，就会跌进中间的水沟，轻则会变成一个水娃娃，重则伤筋动骨。

今天，我看着这两个石墩，比画着这一段距离，我又一次犹豫了，跳，还是不跳？最后，我还是决定跳，试一试！闯闯吧！我豁出去了，双眼凝视着前方，又低头瞧瞧脚下，做好了准备起跳的姿势。正当我跃跃欲试之际，妈妈突然看见了我："敏敏，快回家吃饭。""好！"我找到了解脱的理由。准备转身绕道而走，免得费神。"胆小鬼，胆小鬼。"我自己又开始嘲笑自己了。老师的话似乎也在耳边响起，"胜利永远属于敢于挑战、敢于尝试的人。"于是，我又大声地对自己说："我今天一定要跳过去。"

我又一次调整了自己矛盾的心情，望着前方，我的心跳得更厉害了，如果我掉进水沟怎么办，要是我的腿跌断了还能不能上学……一连串的问题纠结着我。可是，我要是跳过去了呢，我的眼光全部集中在了对面的石墩上。我纵身一跃，只感觉身子在空中悬了片刻，轻飘飘的，脚落地了，实实在在的。我的心都快蹦出来了，我第一次跨过了这条水沟，第一次和自己的畏惧困难的心理做了一回挑战。

其实，人生路上有很多第一次，有失败也会有成功。但无论成功与失败，都需要我们勇敢地迈出第一步，去尝试，只有这样才会离我们的目标更近。

拼词语游戏

崔宇欣

　　"哈哈哈！"我们的教室里又传出了惊天动地的笑声，在干什么呢？猜一猜，我可不会告诉你我们是在玩拼词语的游戏呢。呀，说漏嘴了。好吧，既然你都知道了，我就请你来我们教室的超级闪亮大舞台现场看看吧！直播哦！

　　不跟你废话了，我还等着亮一手呢！看，开始了！首先，张老师一变身，成为我们热心的主持人，只见她咳嗽一下，讲起了我们今天课堂大比拼的规则，难度系数特别高。最先，我们拿了三张纸，飞快地写下词语后交给了张老师。

　　老师抽出三张纸，念道："爸爸在第十万八千层地狱里翩翩起舞。"一听，"哈哈哈……"我们立刻笑翻了天。

　　老师又念道："母亲大人在猫的嘴巴里游泳。"不用想，我们又笑歪了。

　　"老鼠在地图里头洗澡。""鬼魂在高达一万米的汤包里旅行。"这次，我们全都趴在了桌子上。

　　最后，我们亲爱的主持人张老师一脸严肃地宣布："A组获胜，今天的词语大比拼正式结束！请各位同学收拾好书包，回家！"

　　拼词大赛就在这惊天动地、震耳欲聋的笑声中结束了。我们却意犹未尽，念念不忘。

窃读的滋味

汤雁森

等到天黑后……

等到他们都陷入睡熟，我便可以继续读书了。

我早早地上了床，在一片漆黑中侧耳倾听，还是早了些……在更晚些时候才最好。那沉重的脚步声消失了吗？有没有一两次擤鼻涕的声音？那衣料的摩擦声是否还在？

终于，等到浓重的夜色已经化开，四周只剩下我细微的呼吸时，我悄悄地悄悄地溜下了床。

心中充满了一种紧张和兴奋，我甚至疑心他们可以从墙的另一边听到我的心跳声。

"啪！"台灯打开了，那光线让我适应了黑暗的眼睛眯了起来。是不是太响了？张着耳朵听了会儿，我宽心地笑了。

莫泊桑……陀思妥耶夫斯基……杜格拉斯……狄金森……找到了！右手在书脊上摩挲，左手依然紧按着开关。万一妈妈起来了，我就马上关灯去睡觉……她应该不会发现吧？

尽管心中担忧着，我却不自觉地咧起嘴。马尔克斯真是个天才，无与伦比的天才。他这次罕见地将笔投向了普通人，却依然没改变他所独有的那种特色，那种深深的隐忍和压抑在他的笔下如诗的风景、平常的对话和几笔带过的心理中展现得淋漓尽致。

我畅快而如饥似渴地读着，像一个缺氧的人得到了新鲜的空气那样，像久卧病床的人能够自由行走时那样，像所有生物的愿望得到了满足时那样，那样的快乐而不知道满足。我读。

而这种幸福很快又沉了下去了，毕竟云层太轻、太缥缈。妈妈的声音，在那样静寂的夜里听得很清楚。"我想她还没睡呢，我得去看看。"

几乎在一瞬间，我迅速地关上了灯，努力克制颤抖的双手把书放回原处。也只容得我用那么短的时间。

现在上床已经来不及了……那就装吧，反正顶多一顿骂：如果运气不好的话。

我假装睡眼惺忪，去开了门，妈妈狐疑地看了我一眼："去睡吧，没事。晚安。"我装腔作势地行了个礼："晚安！"

跳到床上，我依然在紧张，呼吸急迫得像要在陆地上溺死，但也很快乐！

真像林海音说的那样：这种窃读的滋味！

爱 的 味 道

艾寝海

"真好吃！"每当一听见这句话，我的眼前就浮现出老爸大口大口吃鱼的情景。

我清楚地记得那是一个周三的晚上，我放学刚一进家，老妈就说："快去洗手吃饭，妈妈做了你最爱吃的红烧鲫鱼。"我一听高兴得不得了，脚下仿佛踩着一朵幸福的云，口水都快流出来了。洗完手，我迫不及待地夹起一块鱼肉就往嘴里送。刚一到嘴里，就恶心得想吐。脚下那朵幸福的云瞬间就消失了，便大叫："老妈，你做的是什么菜，你自己尝尝，我看恐怕是史上最难吃的菜，难吃的程度恐怕可以获诺贝尔奖了。"老妈的脸顿时红了，说："儿子，你看老妈平时也不太会做饭，不好吃，就别吃了，要不，妈打电话让楼下餐馆送一盘红烧鲫鱼上来？"这是，老爸拿起筷子夹了一块放进嘴里，那样子像是在品尝绝世美味，然后，激动地说："儿子，你的味觉是不是出了问题，这么好吃的鱼，你居然说不好吃，那就全归我了。"说完，他就大口大口地把那盘鱼吃了个精光。

吃完饭后，老爸约我散步，一边走一边说："今天，你老妈做的鱼确实不好吃。"我连忙说："不好吃，你还说我的味觉出了问题，还吃个底朝天。"老爸接着说："儿子，你别看老妈在学生眼里无所不能，她以前可是一个连面条都会下糊的'人才'，现在为了我们爷俩已经学做鱼了，更何况她刚做完手术不久，你就不能给她一点儿面子吗？记住，以后不管老妈做出多难吃的食物，我们都要说好吃，也算是给老爸一个面子。"

听了老爸的话，我终于明白了，原来那句好吃里，藏着爱的味道。

第一次当翻译

李 恒

　　我从小就立志要当一名翻译，那一次终于实现了愿望，体会到了当翻译的感觉。

　　那一天，妈妈要我去商店买东西，我飞快地跑出家门。

　　一进商店，我就看见收银台前围着好多的人。只见一位老外，金发碧眼，高高的鹰钩鼻耸立在白胖胖的脸上。他"叽里咕噜"说着让人听不懂的话，一边手忙脚乱地比画。而服务员则一脸的雾水，目瞪口呆，不知道老外在说什么，无奈地摊开双手，不停地摇头摆手。

　　"Hello！"我对老外打了一个招呼。"Hi！Can you speak English？"老外像遇到了救星一般急忙问道。我脱口而出"Yes, I can speak English."说完我不禁得意起来，心想："我英语那么好，还怕他说英语？"谁知正在我得意扬扬之际，这个老外一气说了一串英语，我顿时晕菜，云里雾里间只依稀听见他说："Two loaves of whole wheat bread ……""Whole wheat bread？"那不是全麦面包吗？我立即翻译给服务员。当两袋面包摆在柜台上时，老外眼睛一亮，直说："Thank you！Thank you！"

　　接下来是讨价还价，这下可麻烦了，老外滔滔不绝，我却怎么也听不懂他在说什么，他急得直冒汗，我也汗流浃背。我灵机一动，举

棉花糖变形记

起十指比画开了，反正是钱数，好对付。总算把这笔生意做成了！

我正准备逃走，老外又拉住我，说他还要买一样东西。他说了一个单词，我搜肠刮肚想着学过的单词，怎么也弄不明白他说的是啥，这才觉得"书到用时方恨少！"老外只得又开始了手语，只见他拿起一根小木棒在桌子上刮……我想起来了！是火柴，真该死，这个单词我学过！当服务员拿来一盒火柴时，老外举起大拇指，连叫"Good！Good！"服务员也连声道"不用谢"。

"Goodbye！"我跑出店门，长长地舒了口气，顿觉天高气爽，好惬意！我乐颠颠地跑回家，才发现我忘记给妈妈买东西了。

我爱下象棋

冯昊然

我爱下象棋。每天睡觉前，只要有时间，我就会和爸爸下一盘。以前我总不是爸爸的对手，可现在爸爸已经不是我的对手了。

第一次参加象棋比赛时，虽然我没有比赛经验。但比赛一开始，我就沉着冷静地对待。第一轮开始，我先炮二平五，后马八进七，接着车九平八。最后，我用炮把车引到中心，然后用马把对手给将死了。后面的几局，我接连又赢了两局，有三局是对手看实在顶不住，主动降了我。那次比赛，我旗开得胜，拿到了冠军！当时我非常高兴，那种感觉就像我从走向高空的楼梯走到了云彩上，吃着云彩变的美食，玩着云彩变的各种东西。很长一段时间，一看到书桌上的奖杯，就觉得好开心。我暗下决心，一定要继续练习，争取更大的进步。

又经过了一段时间的练习，我又去参加比赛，想着自己这段时间棋艺又有长进，应该可以再拿一个冠军。可是，我在家磨磨蹭蹭，居然迟到了，错过了开头的两局。虽然我仍然努力奋战，但这次的对手明显比上次厉害了好多，后来的四局我只赢了两局。当时心里别提多失落了。不过值得高兴的是，有位象棋大师看我对象棋那么有兴趣，愿意收我为徒，我于是有了第一位象棋老师。看来有些事情并不总是那么糟糕啊。

下象棋锻炼了我的思维，使我的思维更加灵活，也让我明白了"棋如人生"的道理。

下课了，放胆疯一回

全思琪

刚刚下课，我正要冲出教室，冲向楼前空地，倾盆大雨突然疯了一样直砸下来，眨眼工夫，天与地之间扯起了无数的珠帘。

"好大的雨啊！"我朝楼下望去，积水一个劲地往上蹿，大有"水漫金山"之势。看着看着，只一会儿工夫，雨又小了许多。

"看招！"

"哈哈……"

楼下传来嬉闹声，原来是一楼的几位同学在楼前打起了水仗。

我再也按捺不住想去疯一把的心了，一阵风似的急冲下楼去。我刚冲到台阶前的水边上，迎面一阵雨水向我飞来，打了我一个措手不及。我一把抹开眼睛，站在我面前的是一位高出我半个头的女生，她湿湿的衬衣上贴着垂下来的头发，虽然"嘻嘻嘻"地笑着，那样子还是酷极了。

"你敢不敢下来？"她站在雨水里，向我伸出滴着水的手。眼望着快齐她脚背的积水，我犹豫了。

"胆小鬼，淹不死你的！"她冲我嚷道。

我可不服输，把眼一闭，定了定神，深吸一口气，然后，一鼓劲儿，极夸张地向积水走去。一边走，一边叫道："这有什么不敢的！你睁大眼睛看看，本小姐下水啦！"

一下到水里，坐在教室里那种又闷又热的感觉瞬间无影无踪了。水里凉凉的，爽爽的。于是，我又蹦又跳起来，用脚踢起一阵又一阵水花。真是"苍天有眼"，有一次刚好把水踢洒在那个高个子女生的身上。

"哈哈哈，落汤鸡！"有男生在楼上喊着。

"嘻嘻嘻，落水狗！"有女生在楼下应着。

我见了，也捂着肚子笑得直不起腰来。那女生恼了，她将衬衣扯了扯，弯下腰去，捧起水，直向我浇来，幸亏溜得快，不然，又一只落汤鸡就出世了。

这时，上课铃响了，我赶紧收起疯劲儿，冲进教室坐下。"明天下雨了再去疯玩！"我在心里对自己说了一遍又一遍。

胆小的冒险家

雪　婷

　　一般来说，一个人的性格与爱好是不会起冲突的，但我有一个好朋友，她的性格与爱好偏偏相反……

　　她叫雨蝶，特别喜欢冒险，但却特别胆小。每次我们两个人一起看鬼片时，还没开始她就将头埋在了枕头里，一到晚上，她就不敢一个人待着。但她的冒险精神却总促使她去做一些疯狂的事情。

　　记得有一次，我们俩趁大人不注意到空地上玩，漆黑的天空挂着一轮明月，在风中颤抖的树枝沙沙作响，空气中弥漫着一丝压抑，雨蝶突然在我耳边悄声说："安安，我们去冒险吧！"我也觉得无聊，便指着远方说："冒险呀，刺激又好玩呢，我们要不去墓地看看。"即使光线不好，但我依然能感受到她的犹豫。半晌，她才慢慢开口："好……好吧。"我们拿起两个手电筒，便开始了冒险之旅，走在空无一人的小路上，雨蝶的手不停地抖着，时不时扭过头和我说话，"安安，我们还有多久才到啊？""快了。""安安，你说到了那里会不会发生什么事啊？""不知道。""安安？"我实在不想再说什么了，便没有回答她，"安安？""再吵小心把鬼招出来！"她立马闭嘴了。

　　过了一会儿，我觉得我们走错方向了，我直握着手中的电筒，点点雨蝶的肩，"雨蝶，我们……""啊！鬼呀！"尖叫声响彻了旷野。我还没明白发生了什么事，雨蝶便如风一般往家跑去，我一愣，也追了上去，当我跑回家时，已是大汗淋漓，雨蝶将自己包裹进被子里，不停地颤抖着，我掀开被子，她尖叫起来："鬼……"我连忙捂住她的嘴："是我！"她惊魂未定地拍拍胸，小脸吓得惨白，我放开她，她抱住我："哇，我以为你被鬼抓了呢！"我无语地看了她一眼，问："你刚才怎么回事？"她结结巴巴地说："我……我刚才看……看到鬼了，惨白的脸呀！还有一束光照着！"

我好似想到了什么，没好气地问："那鬼是不是拿着手电筒？"雨蝶不停地点头，我挥挥手中的电筒："笨蛋，那是我呀！"她闻言，顿时将头又埋进被子……

唉，我这个好朋友啊！胆子这么小，还要冒险，用我的话来说："自己找虐！"

106

瞧！咱班的男生

卢　颖

"咱班男生一排排，可惜口才都很菜，结巴而且很奇怪，但是成绩都不赖。"

"哈哈……"听，二组又爆出一阵笑声，扭头一看，个个笑得前仰后合。不用想了，这么多人都在笑，除了汪宇衡，没有人有如此搞笑能力。只见他坐在中间，手舞足蹈地在椅子上转来转去，还时不时鬼笑一番。一个人说得唾沫横飞。旁边的人也顾不得擦一把被汪宇衡飞溅到脸上的口水，便大笑起来。真不愧是我们班的超级搞笑大师。

旁边的"冰山脸"黄耀华就显得有点儿"格格不入"了，仍在面无表情地进行他的"工作"，好似身旁不管发生什么都打扰不了他似的。我猜想他老了以后，一定没有太多皱纹，因为没有表情的脸是很难出现皱纹的。

"你，你们在干什么？"突然，教室门口传来了一声"响天雷"。不用说，一定是伍正珂来了，他的声音又结巴又粗，就像公鸡叫。他常常在课堂上回答问题时引得同学们哄堂大笑，有时连老师也忍俊不禁。他总是张着公鸡似的嗓子大声说话，给班里制造了不少高分贝的噪音。所以，班上同学都说他如果将来是个卖菜的，客人一定都吓跑。不过，他的数学成绩很好，难题是他的"最爱"。

我们班的男生有趣极了，说也说不完，像青蛙似的周廷宇，整天像个"开心果"似的周培，脾气怪异、性格古怪的马学涵，秀气得像女孩儿的周珍刚……真是太有活力了，虽然有时候很调皮，但是为班级增添了不少乐趣。

听，后面又传来一阵笑声……

金色的蔷薇

老人的面庞一下子变得柔和起来，眼神儿也亮晶晶的，突然她拿起剪刀，走出门去，一会儿，她就把几枝金灿灿的蔷薇递给我们："拿去吧，去看看你们老师，祝她早日康复。"

春意盎然

李凡成

漫步在田间小路，微风轻拂脸庞，穿过发梢，带来阵阵幽香，抬头，眺望着远方，大片大片的油菜花娇艳欲滴。——哇！原来春天来了。

冬奶奶刚走，春姑娘就悄然而至，昨夜一场春雨过后，油菜花就毫无保留地盛开了。

慢慢靠近油菜花田，轻轻地摘下一朵放在鼻尖细嗅它的芬芳，——嗯！真香。

看着大片大片的油菜花，仿佛自己置身于一片花海，显得那么渺小，油菜花上还残存着点点露珠，看上去欲发诱人。

继续向前走着，忽然看到一片空田，上面没有种油菜花，许多美丽的小花，铺满了田野，红的、黄的、紫的，各种各样的颜色，叫得上名字的，叫不上名字的，交相辉映，五彩纷呈。那小巧、玲珑的身姿映入我的眼帘，让我忍不住驻足欣赏这片美好。

迎面传来一阵桃花香，顺着香味走去，看到了一棵桃树，桃花压满枝头，粉嘟嘟的花瓣簇拥着黄色的花蕊，像一位仙女，娇羞而立，气质不凡。

我举目望去，勤劳的老婆婆正在辛勤地挖着被雨润湿过的土地，一边挖一边把一粒粒希望的生命种子种在地下。

再看那一边，一头头牛正欢快地拉着犁，唱着歌，好像在迎接着春天的到来，还有……

默默地掏出手机，不想打破这美好，咔嚓一声，记录下了这美好的一刻，永远封存在记忆中。

啊！春意盎然的春天，你像一幅山水图，轻描淡写地为我构造了一个美丽的新天地。

我喜欢夏天

熊翌晓

我喜欢草长莺飞的春天，也喜欢硕果累累的秋天，还喜欢冰清玉洁的冬天，但是我更喜欢丰富多彩又美味的夏天。

我喜欢夏天，因为夏天有各种各样的水果，西瓜、葡萄、桃子……我最爱吃西瓜了，西瓜圆圆的，穿着绿色花纹的衣服。爸爸用水果刀小心地把西瓜切开，红色的西瓜汁溢了出来，我早已开始流口水了，跑过去，抢了一大块，张开小嘴儿咬上几大口，脆脆的，甜甜的。不一会儿一大块西瓜就被我吞入肚中。接着，妈妈又拿出刚刚买回来的葡萄，我走上前去摘下一颗，扔进嘴里，酸中带着甜味儿；又摘下一颗丢进嘴里，甜中带着酸味儿。

我喜欢夏天，因为夏天，可以吃上各种各样的冰激凌。我最喜欢吃老冰棒了，天气异常炎热，我用五毛钱去商店买上一根老冰棒，迫不及待地撕开包装纸，张大嘴巴，含在口里，凉凉的，甜甜的，既好吃，又解渴。

我喜欢夏天，还因为夏天有长长的暑假。暑假里，有很多好玩的。爸爸妈妈会在长长的暑假里带我去四处旅游，不仅增长了我的见识，还让我结识了不少新朋友。

夏天带给我很多快乐，我喜欢丰富多彩又美味的夏天！

读　秋

李　铭

在秋的伴随下我已走过了十个春夏秋冬，蓦然回首，发现这变化多端的秋更耐人寻味。

五岁时，我读秋的馋。秋天真是太棒了，橘儿、杏儿、花生、柿子、枣儿都熟透了。一个个静静地挂在枝头，诱得我们直咽口水，但心动不如行动：翻篱笆，爬大树，小伙伴们一个个争先恐后。树丫上，我们与秋争着往兜里塞；草垛旁，我们同秋一道把好吃的大把大把往嘴里塞，怎么着都不过瘾。啊，秋让我知道了什么是生动。

再大一点儿，我读秋的艰辛。再也不像儿时那样无忧无虑地吃，再也不像儿时那样蹦蹦跳跳地玩。山坡上，帮爸爸妈妈采摘果子而上下忙个不停；深夜里，你还可以看到我坐在爸爸妈妈身边掰棉花的小小身影。在稻田的每一处，在果园里的每一角，秋伴随着我们艰辛地劳动，也伴随着我们欣喜地收获。十岁秋天的我，多了一分对生活的体验，也多了一分对生命的感悟。哦，秋让我懂得了一分耕耘，一分收获。

现在，我读秋的希望。大考小考的失败，数学竞赛的落第，我的情绪低落到了极点，似一叶夜航的没有航标灯的小舟。家长的埋怨，老师的失望，同学们的鄙夷，我几乎快招架不住了。放学后，我独自来到校园的林子里，秋风轻轻地抚摸着我的脸，片片落叶飘然而下。偶尔一粒种子从树上落下来，我伸出双手接住了它。望着它，遥想再过一个冬天，这小小的种子不就是一根小小的绿芽吗，再过几年或许它还会倔强地长成一棵参天大树呢。我又想到了自己，这暂时的困惑又算得了什么呢？于是，我很快驱走了心中的迷雾，找回了最真实的自我。噢，秋让我明白了生命的希望。

将来，我仍要读秋，读秋的迷人，读秋的英姿勃勃，读秋的神清气爽。

为有暗香来

毛妍妍

又是一年初雪，我漫步于飞雪中。一阵轻风拂来，我竟闻到了丝丝暗香。寻味走去，眼前的景色令我不由得停住了脚步。

我伫立在那儿，心里充满了惊喜和好奇。原来，在这漫漫飞雪中，一株蜡梅已静静开放。梅花花瓣娇小，色泽淡雅，只轻取其中一片，便能嗅到一股淡淡的清香。

忽然，几片雪花落了下来，打压在梅花身上。"哎呀！"我连忙拿手去拂雪，生怕大雪将梅花折断。可没想到的时，梅花枝竟然在短时间内，再次挺直了身躯，将大雪从身上抖了下去，就像掸走身上的灰尘。这是何等顽强的精神啊！

在一次次风雪的摧毁中，它没有被击倒，而是以最骄傲的身姿站立在风雪中。在大雪中赏梅的人很多，但又有多少人能够领略到梅花的精神呢？

没错，它并不是因为博他人眼球才为自己的梦想努力奋斗的。它不争不抢，在寒冷的冬季孤傲自放，从不在乎是否引人注目，也从不精心打扮自己。而是用自己最真实美丽的一面，反馈给大自然。这种不争不抢，不与他人争奇斗艳的品格值得我去学习。

梅花，它从不傲气，从不屈服，从不软弱，永远以最美好的姿态迎接着一次次暴风雪。在生活中，我们也应该同梅花一样。当遇到困难时，我们要高昂着头去克服它，绝不轻言放弃。当受到他人的不屑时，我们应当平静以待，更加努力地做更好的自己。当因为成功受到赞赏时，我们也不要心高气傲，目空一切，眼里容不下任何沙子，应该像蜡梅一样，与世无争，静静地展现自己的美丽。

"俏也不争春，只等春来报。待到山花烂漫时，她在丛中笑。"我要学习蜡梅坚忍不拔、不争不抢的精神，在以后的日子里，能够如梅花一般，忍辱负重，拥有"遥知不是雪，为有暗香来"的高洁品格。能和它一般散发出最朴素、最持久的清香！

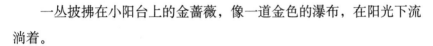

金色的蔷薇

赵曼琳

一丛披拂在小阳台上的金蔷薇，像一道金色的瀑布，在阳光下流淌着。

金色的小花密密麻麻地挤满枝条，掩住翡翠的绿叶，展现着绰约风姿。

大概这金黄是夕阳染成的吧。

一位年近花甲的老人，正在给它修枝剪叶，对它珍爱至极。这天，我又经过了那道金色瀑布下。我刚进教室，突然，被叫作"小广播"的小兰说："王老师生病住院了。"教室里一阵骚动。

"我们放学后去看她！"有同学建议。

我忽然想起了那道金蔷薇瀑布："王老师最喜欢金蔷薇，咱们给她送一束吧！"

但跑遍了大大小小的花店，都没有买到。看来，只有窃取老人的心爱之物了。

于是，我们决定行窃。"瘦猴"小林蹑手蹑脚地靠近了花盆。不知什么原因，她的手突然失去了往日的灵性，一不小心，被蔷薇刺破了指头，血渗了出来。但她还是向花盆伸出了手。

就在这时，一扇小门突然开了，养花老人出现了。惊慌失措中，我们被她叫进了屋子里。看着老人严肃的目光，我们全都耷拉着脑袋，怯生生地站在那里。

"你们为什么要摘花呢？好端端的花会被你们糟蹋的。"老人心疼地说。

"我们……我们……"

"你们是不是拿去玩？"

"不是。"奇怪，异口同声。

"那要干什么？"

我们交换了一下眼色，终于鼓起勇气，开口说："老师生病了，我们想送她最喜欢的金蔷薇。"

老人的面庞一下子变得柔和起来，眼神儿也亮晶晶的，突然她拿起剪刀，走出门去，一会儿，她就把几枝金灿灿的蔷薇递给我们："拿去吧，去看看你们老师，祝她早日康复。"

接过花，我们如获至宝，谢过老人，小心翼翼地捧着金蔷薇，向医院走去。

116

夕阳照在蔷薇上，那花儿更耀眼，更美丽了。

巧克力里的爱

李致远

一天晚上，我放学回家，家中空无一人。我在茶几上发现了一块巧克力，巧克力下还有一张小纸条。我拆开一看，原来是妈妈留下

的：儿子，妈妈今天因为要加班，很晚才能回来，茶几上的巧克力是给你买的，吃了就去休息吧。

正当我准备把巧克力撕开时，我停下了，妈妈整天在外面奔波，很少有时间休息，听说巧克力吃了能补充能量，那我何不把巧克力留下来给妈妈吃呀。于是我放下手中的巧克力，然后也写了张纸条：妈妈，您辛苦了，巧克力留给您吃。

第二天早晨，我起床后发现妈妈早已去上班了，可巧克力却依然放在茶几上，只不过下面又多了一张纸条：儿子，你学习也很辛苦，你现在是长身体的时候，巧克力还是你吃吧。不然的话，气温一升高，巧克力就融化了。我看了看这块巧克力，心里暖烘烘的，这块普通的巧克力不正凝聚着妈妈对我细腻的爱吗？于是我又在纸条上写上一句话：妈妈，晚上回来后我们一起分享这块巧克力。写完我就背着书包上学去了。可谁知，当我晚上回家时妈妈还没有回来。奶奶告诉我妈妈出差了。茶几上的巧克力、纸条和我一起等着妈妈回来。

一天过去了，两天过去了，巧克力和纸条依然静静地躺在茶几上……第三天晚上，一阵敲门声终于响起了，我迫不及待地跑去开门。果然是妈妈。我激动地说道："妈妈，我们一起分享这块巧克力吧！"我从茶几上小心翼翼地把巧克力拿起来，慢慢地将外面的包装纸撕开，可我发现，巧克力已经变得软绵绵的。这时，我懊恼地看着妈妈，尴尬地说："妈妈，巧克力已经融化了。"妈妈欣慰地看着我，并摸着我的头高兴地说道："一块巧克力化了没关系，这巧克力让我发现我有个孝顺的儿子。来，儿子，我们一起把它给吃了。"

我和妈妈一起幸福地品尝着软绵绵的巧克力……这块普通的巧克力经过我和妈妈的相互推让，变得不再那么普通，因为在它上面凝聚我和妈妈之间深深的爱。

抹不掉的回忆

胡杨涛

童年，一个天真、神奇的年代，多少人向往回到童年，我又何尝不想呢？

嗨！看，那不是我在和小朋友一起捉迷藏吗？儿时，我最喜欢玩的就是捉迷藏。一天，我和莉莉一起玩，那是我第一次捉迷藏，有些紧张，生怕别人找到我。我东瞧瞧西看看，藏哪儿呢？突然，我眼前一亮，对！藏灶里，她肯定找不到我。于是，我钻了进去。

过了半晌，她还不来找我，我急了，灶里到处是灰，新衣服也染黑了，怎么办？自己出去吧！谁料刚一出去，就被逮了个正着。莉莉笑起来，还拿了个镜子给我照，一瞧！是我吗？这不是奶奶养的"小黑猫"吗？

——嘻嘻，哈哈……那时的我，有人叫我"小坏蛋"，有人叫我"好孩子"，为啥？还不是我爱做好事，又常干坏事吗？刚帮奶奶提完水，又把奶奶的眼镜给摔坏了；刚扫完地，又把床上弄得乱七八糟；刚把摔倒的小孩儿扶起，又去欺负比我小的另一个孩子。

在菜园里，我捉了蝴蝶做标本。听妈妈说，蟋蟀会"弹琴"，我信以为真，捉了只蟋蟀，要它弹琴给我听，"你弹呀，弹呀，怎么不弹？妈妈不是说你会弹琴的吗？快弹呀……"很快，呜呜呜……蟋蟀就被我给弹死了。

最好玩的是捉了金龟子"放风筝"，用线系着它的腿，用力向上一掷，在半空中，它就飞起来了，和放风筝一样有趣。

我有一个坏习惯，爱偷吃。一次，和小朋友玩到晚上九点多钟才回家，爸爸、妈妈把饭菜全吃完了，我只好空着肚子去睡觉。到半夜，我饿得不行，按按肚子，瘪瘪的，我进了厨房，见桌上有一瓶蜂蜜，便用小杯倒了一点儿，真好喝。我又倒了一点儿，接着又倒，又倒……蜂蜜喝完了，肚子才填饱。后来，我才知道，这瓶蜂蜜是邻居放在我家，明天要来取的，害我"吃"了一盘"竹笋炒肉"。这一顿呀，爸爸可真是"喂"得我够饱的。

现在，我没有时间疯了，整天"之乎者也"，"加减乘除"。看看那天上的小鸟，多自由啊！睡梦中，我又打开了童年的大门，钻了进去……

119

幸福之花

胡诚之

又是一个苦闷而又炎热的夏季，我一次次地重复着这枯燥而又简单的生活。本应是一个充满幻想与激情的暑假，叮是父母却将我带到了武汉，给我报了两个培训班，要我在这儿补习。

一天早晨，太阳发出刺眼的光芒，火热的空气仿佛停滞了，鸟儿在树间鸣叫着，在愁苦地等待着风，可风却迟迟不肯到来。我同往常一样，早早地来到了公交站牌下，准备坐车去补习。可今天不知是怎么了，等车的人特别多，尽管公交车一辆接着一辆地进站，出站，可等车的人还是有增无减。大概又过了五分钟，我等的那路车终于来了。车还未停稳，一大群人便如潮水般地向车门涌去。见状，我也不甘示弱，急忙从人群中钻进了车里，抢到了一个座位才如释重负地坐下。

不一会儿，车上的人越来越多，车内越来越挤。正当我为自己能抢到座位而窃喜时，一位年迈的老人佝偻着背，在我面前慢慢走过。车突然停了，只见老人，一个趔趄，老人虽然用双手死死地抓住了扶手，可身子还是不由自主地向前倒去，撞到了前面一个乘客的身上。那乘客转过头来，瞪了老人一眼。老人连连赔不是。这时，我开始担心这位老人了，车上这么挤，车又开得这么快，他吃得消吗？于是，我想到了给他让座。可当我正欲起身让座的时候，我有些犹豫了：车上这么挤，我还有十多站路，我把座位让给他了，我不就只能站着承受颠簸了。再说上，车上有这么多人站着，凭什么我得让座呀。此时，"让座"与"不让座"正如两支军队在我内心深处激烈交战，可谁也征服不了谁。

就在我左右为难之时，又来了一个急刹车，老人再一次撞到了前面乘客的身上。那乘客再也忍不住了，没好气地说："你能不能站稳一点儿。"老人无辜地赔着笑脸。这时，我惭愧了，看着这位老人我想到我慈祥的爷爷。要是我早一点儿给他让座，肯定就不会发生刚才这一幕了。于是我不再犹豫，勇敢地站了起来。当我扶着老人稳稳地坐在座位上时，老人欣慰地笑了："谢谢你，孩子，你真是个好孩子。"车内不少人也向我投来赞许的目光，我感到美滋滋的，一股幸福感不知不觉地涌上了我心头。

车很快就到站了，我快步地走下车，呼吸着车外新鲜的空气。原来幸福就在我手边：就在我主动帮助他人，关爱他们的时候，幸福之花已悄然开在我头。

第一次当主持人

甘世奇

大胆的尝试，让人磨炼胆量；有趣的尝试，让人欣喜若狂；失败的尝试，令人刻骨铭心；而成功的尝试则让人记忆犹新。

在一个晴空万里、阳光明媚的上午，我从老师的口中得知，学校在海选六一文艺会演的主持人，我特别兴奋，毫不犹豫地报了名。

第三节课一下，就有一位老师来考我的朗读功底了，我忐忑不安地读着文字，这时我的心跳加速，手和腿都剧烈地抖动着，仿佛再过一会儿就要散架了，好不容易读完文字，我的心却仍旧咚咚咚地跳着。我一直在想我是否能入选，我是否会在后面的筛选中脱颖而出，这些问题导致我一直都没有听到老师讲课的内容。

几天后的一个下午，老师让我去六年级语文办公室，我听完便像一支离弦的箭般冲去，又是一轮筛选，最终，我脱颖而出。我欣喜若狂，所有烦恼都抛到九霄云外去了，从老师手中接过主持稿，飞奔回家，立马背了起来。

经过几天的培训彩排，我们迎来了最后一次彩排。开始，我卖力地主持着，一切都非常顺利，可在主持第二个节目时，我只顾说词，忘记了微笑，被辅导老师狠狠地批了一顿，我一下就蒙了，那不争气的泪水儿像断了线的珠子从脸颊上滑落，我转身就跑，妈妈见了连忙过来安慰我："别气馁，注意动作表情方面的要领，总会成功的，加油！"经过妈妈一番苦口婆心的开导，我终于平静下来，并对自己的赌气不懂事而惭愧，向老师道了歉。 在之后的彩排中我也被批评过，但我都能做到坦然面对，虚心接受。演出时我已调整了心态，以最好的精神面貌去面对同学们。演出非常顺利，真是一次成功、精彩的尝试，让我受益匪浅。

只有敢尝试，才会有胜利花开的那一天；只要敢尝试，才会使人生更加灿烂；只有敢尝试，才能更上一层楼。我人生的第一次当主持人的经历是难忘的，也是终身受益的。

那一次，我成了 VIP

章轩豪

我喜欢"VIP"这个词，它是"重要成员"的意思。当然，我更希望能当上VIP！

以前的我胆小害羞，总觉得自己不优秀，担心周围的人不接纳我。看到同学们一起说笑我好羡慕，独自在角落里与书为伴。真希望自己能走出去成为VIP，站在属于自己的舞台上呀！

"叮……"清脆的上课铃声响起，玩得正欢的同学们纷纷走进教室。我也合上了未看完的课外书，翻开了课本。

老师抱着一叠试卷满面春风地进来了。同学们目不转睛地看老师，我的心里打起了小鼓。"经过一段时间的学习，大家总体表现都还不错。"老师微笑着。同学们舒了一口气，我直盯着试卷不敢放松：到底考得怎么样？

"陈雨好，98！很棒！""好高！"同学们一阵惊呼。我不由垂下了头，为什么不是我？我暗自恨自己。

"刘雨，95。没……"老师在说什么我已听不见，内心翻江倒海：第二名都不是！太差劲了！考试时在干吗？说好了要做VIP的……

"章轩豪。"我将头扎到桌子里不敢听。"章轩豪一直是我们班最静得下心来的同学。"听到老师的话，我松了一口气，鼻子酸酸的。这又怎么样呢？第一名还是与我无缘！

"100！"掌声响起来，我似乎遇到了一个霹雳，"章轩豪，100！全班最高分！"老师又报了一遍，我简直不敢相信自己的耳朵！仿佛一道电光闪入我的全身。

抬起头来，老师正笑眯眯地看着我，我缓缓地走上讲台。"努力就有回报！你真优秀！"老师向我竖起大拇指，我的心甜蜜得不得了。接过试卷，同学们的掌声又送给了我。看着他们真诚的目光，我激动不已，心暖暖的，一股力量缓缓流动，自信回到了我的身体。我挺直了背，笑容满满地望着大家，仿佛登上了万众瞩目的舞台，这就是做VIP的感觉呀！

回到座位上，我对自己说：时时以VIP的身份要求自己！做一个快乐、自信、自强的孩子！

123

好想拼一回

李　闯

　　沐浴着初春的阳光，我细数着沉甸甸的往事，看着那满是落叶的球场，我的思绪忽而飞回了那激动人心的比赛场地：那一次，我好想再拼一回！

　　去年秋天，县里如期举行了两年一次的校园篮球比赛，我如愿入选校队，并披上了我梦寐以求的"7号战袍"。这本是一件令人欣喜的事，可父母却以期中考试为由百般阻挠。最终在我的苦苦哀求下，我们达成协议：允许我参加部分比赛，非比赛时间要专心致志学习，且期中考试进入年级前十名。

　　伴着丝丝秋风与蒙蒙细雨，我与队友们一起走进了赛场。比赛前，带队领导和体育老师不断地鼓励着我们，还悄悄地告诉我们对手实力较弱，不用太紧张，要极力配合，适当的时候也可以来一些单打。我悄悄地握紧拳头：我一定要抓住机会大显身手！

　　"嘘……"裁判一声哨响，比赛开始了。我在一片混乱中第一个抢到了篮板球，拍着球快速地向篮筐冲去。求胜心切，球居然从我手中飞了，对方球员抢过球，飞速飞身上篮、投篮，没中。我方队长眼疾手快，抢到了篮板，弥补了我的失误，但这并未使我有些紧张的心情平静下来。比赛还在继续，可我却无法找回昔日球场上的感觉，每

124

次投篮都成了"打铁表演"。上半场比赛结束了，尽管我们以26：10的比分领先，可这场比赛，我只得了两分。

下半场一开始，我再次抓住了一次快攻的机会，一对一，我弯下身子，将重心降低，转身，突破！我感觉我的心跳正以乘方的速度剧增，脸上的血管也似在海啸般的膨胀，全身犹如一座即将爆发的火山。球突然被我拍到了对方的脚上，一瞬间，球被弹出场外。可这次裁判将球判给了对方。此刻，我再也按捺不住自己的情绪，开始变得急躁。对方正准备投篮，我立刻冲了上去，奋力一跳，试图用手将球盖下，可没想到我拍到了对方的手——我犯规了。这时，体育老师发现了我不稳定的情绪，要我下场。我拒绝了，我不能失去这来之不易的机会呀。可此时的我却像一只发怒的小狮子，两次犯规，三次，四次，五次……"啪"我又碰到了对方，六次犯规！

"嘘……"又是一声哨响，另加红牌，我被罚下了。

我悻悻地离开了球场，阵阵秋风掠过，心间升腾起无限忧伤。我孤零零地伫立在球场边上，观看着激烈而又紧张的比赛，心中无比懊悔，我好想再拼一回呀。

125

在挫折中成长

黄　颖

没有经历过挫折的人生是不完美的人生。

——题记

金色的蔷薇

在漫漫人生路上，我们难免会遇到一些挫折，一些磨难。但千万别失去了前行的信心与勇气。要坚信：不经历风雨，怎能见彩虹。只有品尝过挫折的人才能真正体会到成功的喜悦。

雨一直在下，风一直在刮，我回想起这次考试，心底不免又添了几分忧伤。在这次期中考试时，本来对数学有着十足把握的我，却因一时的粗心大意而丢了二十多分。想着想着，我的眼泪开始在眼眶里打转，我漫不经心地向家走去。

不经意间，我瞥见了路边的野草地，它们吸引了我，于是我停了下来。这儿曾是我与朋友们的乐园。每当我们无聊时，我们都会来这儿踢球。春天里，我们会在这里放风筝。冬天到了，我们还会将枯萎的小草点燃，让无情的大火疯狂地吞噬所有的小草，我们则会静静地坐在一旁，欣赏这一壮观的景象。记得去年冬天快要结束的时候，这里已经完全被我们占领了，根本看不见一点儿小草的影子。可如今的这一番景象却让我惊叹不已：这里的小草早已从土里拔地而起，给整个地面铺展了一层一层的新绿。

是啊，一棵小草，即使再卑微，再弱小，它也承载着梦想。当它还是一粒种子的时候，它被深埋在泥土里，它在黑暗的土壤中积蓄着生长的力量。这个过程是它萌芽时爆发出旺盛生命力的积累与沉淀。长出地面的它们并不高大，健壮，但它们却是那样的坚忍不拔。它们迎着风雨，高傲地昂起了头。它们承受住了人们无情的践踏，抵抗住了大火与冰雪疯狂的肆虐，克服了干旱痛苦的折磨……它们把根深深地扎进土壤里吸取着养分，才终有了这一番"野火烧不尽，春风吹又生"的奇景。我深情地注视着它们，它们仿佛在昭示着我：你的这点儿痛算得了什么。

看着看着，我惭愧地低下了头。一是为自己当初对小草的所作所为，更是为自己遇到了一点儿小小的挫折所表现出的懦弱。于是，我昂起了头，大步向家走去。回到家里，我将试卷从书包里拿出来，寻找我失误的原因，并将每一个错题在试卷上一一订正。

从那时起，面对挫折，我不再逃避，所有的失败都成了我前进的动力。

一张白纸撬开啤酒瓶盖

王亚乔

到了夏季，暑气逼人，赤日炎炎。为了消暑，很多人都爱喝啤酒。可是，如果想喝啤酒，一时找不到开瓶器怎么办？有人会用牙齿咬开瓶盖，也有人会用筷子撬开瓶盖，还有人会把啤酒瓶嘴靠在桌沿上用手掌拍开。下面呢，我为大家介绍一种简单易学的开啤酒瓶的方法，即用一张白纸轻松撬开啤酒瓶盖。

我说这种方法简单易学，一则工具简单，只需要一张白纸；二则做法简单，两步即可完成。第一步：取一张A4的打印纸（也可用普通白纸替代），沿长边折叠成一厘米宽的硬纸条，然后将纸条对折。第二步：用右手捏住纸条的开口端，左手拿住啤酒瓶，食指离瓶口约一厘米处，以食指为支点，将纸条的折叠处抵在啤酒瓶盖下方，右手迅速向下压，随着"咻……"的一声，瓶盖被撬开。

当你初听到用一张白纸撬开啤酒瓶，或许会觉得有些不可思议，一张轻飘飘的白纸怎么会撬开啤酒瓶盖呢？其实这里应用的是杠杆原理，折叠后的小纸条就变成了一个小小的杠杆，以左手食指为支点，瓶盖给硬纸条一个向下的阻力，右手给硬纸条一个向下的动力，由于右手握硬纸条的作用点到支点的距离（动力臂）大于瓶盖到支点的距离（阻力臂），根据"动力×动力臂＝阻力×阻力臂"可知，动力小于阻力。即用一个较小的力便能给瓶盖一个较大的力，从而撬开啤酒瓶盖。古希腊科学家阿基米德的"假如给我一个支点，我就能把地球撬动！"这句千古流传的名言解说的就是杠杆原理。

用筷子或开瓶器来开啤酒瓶盖应用的都是杠杆原理，杠杆原理在我们生活中也经常被应用，例如杆秤、扳手、钳子、剪子等。

这种开啤酒瓶盖的方法不但简单易学，而且较牙齿开瓶盖安全。不过在操作的过程中还是有些事项要注意的：首先选择的纸张质地要硬，纸条要叠紧。其次，左手拿酒瓶时要尽量靠近瓶口处，以缩小阻力臂，右手尽量离瓶口远一些，以增长动力臂。最后，撬动瓶盖时，要尽量快一点儿。

一张白纸撬开啤酒瓶盖就是如此简单易行，不信的话，你也可以试试哟！

128

一次"恶作剧"

彭　欣

这是万里晴空的一天，一切看起来都是那样平常。我照常来到绘本馆上课。

见桌子上放着一瓶水，水瓶上赫然写着"不要打开"。看着这张纸条，我不禁翻了个走心的白眼，据我多年恶作剧的经验，这水肯定有诈。

"我去，这水怎么回事？"只见覃悦宸手拿瓶盖，随手一扔，那个完好无损的水瓶竟然从瓶身处喷出几滴水来。他抖了抖手上的水，立刻拧紧瓶盖，嫌弃地把瓶子放回了桌子，可就在这时，我发现了一个奇怪的现象：这瓶盖盖紧后喷出的水立刻停止了下来，这就有趣了！

我颇有兴趣地舔了舔嘴唇，今天带来的瓶子看来可是有大用了！

"大家也看到了吧！"王老师笑眯眯地看着我们，"制作这个恶作剧小道具就是我们今天的实验。""哇，太棒了！"我心中暗喜，又是一个好的恶作剧。

我将手中的水瓶装满水，涓涓水流立刻从水管中流出，把水瓶喂饱，拧紧瓶盖，我再用老师发的针小心翼翼地扎开三个洞，水流从小洞中流出几滴，但立刻像封住了似的停止，看不出任何弊端。哈哈，来试试，我轻拧瓶盖，水果然喷了出来，我成功了！

最后王老师向我们解释了是空气压强带来了这个完美的恶作剧，看来生活处处是科学呀！

这的确是平凡的一天，但我却获得了有用的知识。

蚂蚁吊大象

文　韬

今天，老师给我们上了一节实验课，干什么呢？听我娓娓道来。

刚来到教室，就看见黑板上写着"蚂蚁吊大象"五个大字，咦？蚂蚁怎么可以吊起大象呢，是"蚂蚁拖橡皮"吧？我怀着好奇的心情坐了下来。

首先，老师放了一段精彩的视频，一位先生用三根火柴吊起了九瓶水，我们都惊呆了！

接着，老师开始做示范：将棉签放在桌子的边缘，棉签露出三分之一，放一瓶矿泉水压在棉签上；用细绳系住矿泉水的瓶颈，挂在第一根棉签上露出头的地方；用第二根棉签扒开棉线，让棉签与棉线形成一个等边三角形；把第三根棉签垂直立在第二根棉签上，顶端与第一根棉签相接。

说得简单，做起来难。老师试了好几次，均以失败收场，我们激动地站了起来跃跃欲试，老师尴尬地笑了笑，说："你们来吧！"

一共四个组，我们兴奋地开始了。我先吊起了水瓶，好不容易把等腰三角形架好了。见证奇迹的时刻到了！我小心翼翼地安上了第三根棉签。

耶！成功了！我们这一组最先成功！

只可惜，棉签哥哥老了，女生组一声尖叫，不，掉下来了！

我们一个个恼羞成怒，开始重新忙活。支杠杆，挂水瓶，忙得不可开交。架了几次仍然不成功，眼看着别的组都架好了，我们急得眼珠子都要跳出来了。

我更加小心翼翼了，这是挑战耐心的时刻。

将棉签平放在桌子上，我的搭档紧紧地把水瓶按住，生怕它调皮不听安排。我轻轻地扒开绳子，让第二根棉签的两端稳稳地抵住绳子的线，我的手抖动着，不可偏一丁点儿呀，然后按住摇晃的绳子让它安静下来，我听到了自己怦怦的心跳声。第三根上场了，先找到中点，稳稳地站上去，然后慢慢地往前挪，耶！对接成功！我们兴奋地大叫，搭档抹了抹额头渗出的汗，轻轻地挪走了压在第一根棉签上的水瓶。

开始吊水瓶了，轻轻地挂上第一瓶，第二瓶，我屏住呼吸，生怕前功尽弃，终于，我们吊起了第三瓶！

我们高兴地跺脚，得意扬扬地看着其他组投来羡慕的目光，哈哈！

可惜时间如流水，下课了。我恋恋不舍地回到了座位上。

这是我上过的最好玩的一节课！

好爸好妈

张　烁

131

我们家有两位大明星，这个"大明星"可不是电视上的大明星哦！而是大名鼎鼎的明星教师，笼罩在两位明星的光环下，我就是"星二代"了。

论起我的好爸，那可是名副其实的"高富帅"，但"高"不是个子高（偷偷告诉你，我老爸才一米六八的个头），而是智商高。因为他总是能很快地解出高难度的奥数题，虽然我的好爸工作特别忙，应酬也特别多，但不管多忙，他晚上回家第一件事就是和我一起做奥数题。记得有一次，宋老师布置了一道奥数题，我回家想了很久，也没能得出个结果，无奈之下，我只能向我老爸求助，爸爸把题目看了一遍，用列方程的方法告诉我，但宋老师说了只能用算术法解答，这下可把他难住了，第二天，我才刚刚起床，爸爸就跑过来跟我讲解昨天的奥数，直到我弄懂为止，看来他昨晚没睡好觉，都在想这个问题。

那个"高富帅"的"富"也不是指财富的多少，而是知识丰富，博览群书，他从小就爱看书，并且内容广泛，自家书柜里的书多半是老爸的。"帅"当然就是长得帅啰！

我妈妈也是个"白富美"，白净的皮肤，柳叶眉，丹凤眼，的确是个大美女，她不仅是高三英语老师，还被评为全县的劳动模范、明星教师，是不是很厉害呢！我的妈妈也是个标准的贤妻良母，上得了厅堂，下得了厨房，会做家务，不打麻将，从五岁起，妈妈就开始陪我练钢琴，风雨无阻，从未间断，如今我的钢琴已经过了六级，其中，有妈妈一半的功劳。

有这样的好爸，我才成了班上的数学王子；有这样的好妈，才有了我今天这个优秀的我，为我的好爸好妈点赞吧！

132

无名爱·铭于心

李 标

永远有多远，幸福就有多长。

——题记

晚饭过后，母亲又开始"叫嚣"了，那洪亮的声音宛如一把久传不衰的猎枪发出的声音，从我的头顶飘过。

这一次又是为了明天穿衣服的事，我们依然谁都不肯让步。妈妈先发制人："我看了天气预报，明天天气有点儿凉了，你还是应该穿长衣长裤！""不要紧，明天不会太冷，穿短袖T恤不碍事。"我有点儿不耐烦地对她叫道。可谁知她仍不肯罢休，又反驳道："穿这么少，如果感冒了怎么办？又快进行期末考试了，如果影响了学习怎么办？""我又不是三两岁的小孩子，哪会经常感冒。再说了，我现在已经长大了，生活不需要你操心了，要穿什么衣服，该穿什么衣服，我心里自然清楚。不需要你管！"说完我便气愤地摔门而去。妈妈见我这么固执，也只好随了我。

一个人躺在床上，我开始慢慢回忆，我与妈妈的每一次吵架。我们总是会争得面红耳赤。如果她能够说出成千上万个"如果"，那么我也能够道出相同数目的"但是"。她的"如果"中趋于现实与担忧，而我的"但是"中充满了幻想与固执。可我却总是不能赞同母亲的"如果"，正如她不相信我的"但是"一样。

那天晚上，我起床去洗手间，路过母亲的卧室，卧室的灯还亮着，我不经意间听到了她与父亲的对话："唉，孩子现在长大了，更加独立了，可依然是那么固执。我今天看了天气预报，明天气温要下降几度，我怕他因感冒而影响了学习，想让他多穿点儿。可他依然我行我素，不听劝告，真是拿他没办法呀。""睡吧，等明天了再说……"听到这儿，我又回想起去年入秋时，我不听妈妈的劝告，钻到杂草丛生的小树林里去玩。到了晚上，我全身冒出一层红色的小疙瘩。半夜里妈妈把我带到医院，我被诊断为皮肤过敏。回家后，妈妈为我煮中药水洗澡，又为我煎药，又帮我擦药。忙活了一晚上。那天晚上我还直后悔没听妈妈的劝告。这时，我才恍然大悟，妈妈要我穿长衣长裤，原来是为了我好呀！

晚风习习，我心里涌起一阵暖意，鼻子酸酸，我只能将这爱镶嵌于心中：你用你的方式爱着我，无论是喜是悲，你从不抱怨；你用你的方式爱着我，哪怕你曾远在他乡，也从不曾忘记……

133

奶奶·财鱼·我

王大伟

　　我的家乡有个习俗：小孩子出生后，家里的老人总是要拿着孩子的生辰八字去找算命先生询问孩子一生的吉凶祸福。

　　听妈妈说我出生的时候，奶奶也这样做了，算命先生说我的生辰八字犯冲"水府三官"，需买一条活财鱼放生，于是奶奶便跑到菜市场买了一条鲜活的财鱼，并按照算命先生的嘱托用一块红布写上我的生辰八字系在财鱼的尾巴上，然后把财鱼放到门前的小河里了。算命先生还嘱托：我十八岁之前不能吃财鱼。这一条禁令就一直牵动着奶奶的心。

　　记得十岁那年，我与妈妈一起去走亲戚，到了吃饭时，一桌香喷喷的饭菜早已诱得我垂涎欲滴了，尤其是那热气腾腾的火锅让我更是好奇，我迫不及待地追着妈妈给我盛饭，并要她给我舀火锅里的菜，妈妈拿着汤勺在火锅里捣弄了一会儿，又停下来，那白花花的一片片从汤里冒了出来，我不知道那是什么，就追着妈妈快点儿给我舀，妈妈似犹豫了一下，但还是给我舀了两勺。我三下两下就把这些给解决了，我又把碗端到了妈妈跟前，妈妈嘴里嘟囔了一句："这是财鱼片，你少吃点儿。"我可不管它是什么，只是觉得它味道鲜美，我特喜欢吃。

晚上回到家里，奶奶看着我的高兴劲儿，问这问那的，当她问到"今天在亲戚家吃了什么"的时候，我脱口而出："我今天吃了滑溜溜的财鱼片……"我话还没说完，奶奶一下子愣住了："什么？你吃了什么？是谁让你吃的？"站在一旁的妈妈也有些不知所措了："是我给他舀的，没关系，孩子都这么大了。"奶奶更生气了："是谁要你给他吃的，孩子不知道，你当妈的也不知道吗？"看着奶奶一脸的担忧与恐慌，我更是一头雾水了。后来妈妈才告诉这其中的原因。晚上睡觉时，奶奶又悄悄地来到了我的床边，轻轻地抚摸着我的头，嘴里还不停地念叨着："孙儿啊，你可要好好的，你不能让奶奶的心一直悬着，奶奶明天再去买一条财鱼放生。你以后千万不能再吃了哈。"看着满脸皱纹的奶奶，我使劲儿地点了点头。

前年，我离开家到了镇上上学，吃住都在学校里。上学那天，奶奶跟着我走了很远，并一路叮嘱："孙儿啊，你可要听话，到了学校，你可千万别吃鱼啊。"

从那以后，我再也不敢犯这个禁忌了，倒是不因为我害怕什么，而是我害怕再次看到奶奶苍老的脸上再现那恐慌的神色。

135

掌声也是一种语言

陈伍阳

犹记得去年秋天，学校刚举行了一场模拟考试，为了放松，班主任便组织我们班与邻班进行了一场篮球赛。适逢这一天，父亲来学

金色的蔷薇

校为我送换季的衣服，作为一个篮球迷的他听到这个消息后也留了下来，说要观看我参加比赛后再回家。

在我的印象中，父亲和我之间的话语不多，有时连几句平淡的问候也会显得格外生硬。因此，我曾一度认为父亲根本不爱我。

下午，比赛准时开始了，父亲也站在了人群中观看比赛。比赛一开始，双方就打得难分难解，谁也无法攻破对方的防线。眼看着第一节比赛已经进行了一半了，双方依旧一分未得。这时，我突然加速，突入内线，对方立即组织球员上来包夹。我见状，一个背后传球，把球巧妙地传到了队友手中，队友抓住时机，终于命中一球，突破了零的记录。这时，看台上突然响起了一阵孤单的掌声，紧接着又连成了一片，我循声望去，带头鼓掌的居然是父亲，一股细细的暖流悄然漫过我的心际。

比赛正激烈地进行着，双方队员都使出了浑身解数。不知不觉比赛已经只剩下最后几分钟了，我们队还领先两分呢。说时迟那时快，对方队员居然来了一个远投，进了，三分！轻易反超了比分。该轮到我方队员心慌了。就在这关键时刻，篮筐似乎对我们关闭了大门，前锋屡投不中，总是被对方抢到篮板。眼看着输掉比赛已成必然，对方的控球队员仿佛放松了警惕。我抓住机会，绕到他的后方，迅捷地抢到了球，猛冲到后场，一个低手上篮——球进啦！队友一片欢呼，比赛结束的哨声也同时吹响。

此刻，看台上也传来了阵阵欢呼声，里面还夹杂着一串孤零零的掌声，我缓缓地回过头去，惊奇地发现居然又是父亲，他的掌声似乎与这欢呼雀跃的场面有些不协调，但远望着日渐苍老的父亲，我的心却柔柔的，暖暖的，我似乎明白这掌声是父亲对我最好的鼓励与赏识。

那一刻，我幡然醒悟，原来父亲是爱我的，他只是在用一种特别的语言——鼓励的掌声书写着对我深沉的爱。

陪你一起走天涯

　　蒲公英像一个个白色的小绒球一样，在风中轻轻摇曳。妈妈告诉我，等春风一吹，它便会飞起来，那洁白的蒲团忽散开来，在空中飘荡，飘到天涯海角，找到新的归宿，培育出下一代。

我的课余生活

吴晓蓓

　　我的课余生活像一座七彩桥一样丰富多彩，比如有跳绳、下棋、打羽毛球、练书法……这里没有一样是我不喜欢的，但是我最喜欢的还是画画。

　　你知道我为什么喜欢画画吗？告诉你吧，因为当我寂寞的时候，我会画春天的小草，夏天的荷花，秋天的落叶，冬天的雪花……画画能让我沉浸其中，感到快乐。尽管画得不像，但我不在乎。

　　爸爸看见我那么喜欢画画，就想着给我报一个画画培训班，但家里谁都没有时间接送我，所以我暂时不能去学画画，只有独自凭感觉随便画了。

　　记得有一次，我见到了美丽的晚霞，就把它所有的特征都牢牢地记在脑子里，回到家中，我迅速拿出彩笔认真地画起来，可是怎么也画不好，就快想放弃了，不画算了。这时爸爸好像看出了我的心思，就和颜悦色地说：“孩子，画画需要的是时间和耐心，细心和仔细地观察，爸爸相信你一定会画好的。”爸爸的话让我又有了信心，拿起笔又开始画。先画出一个半圆形的太阳，在太阳下面画了一朵白云，再画上几座山坡，最后画上晚霞，所有的线条画好后，就是涂颜色啦，红色的太阳，绿色的草地，蓝色的天空……终于，功夫不负有心

人，我的画完成了！

画画不但让我懂得了欣赏美，表现美，还让我懂得了"世上无难事，只怕有心人"的道理！

投射美丽的抛物线

吕黎灿

丹桂飘香，秋风送爽，今天的好天气真是打篮球的绝佳时机。一放学，我便与球友们直奔篮球场，上演了一场激烈的篮球赛。

比赛一开始，我逮住对手的空档，来了一个三分球，只听"嗖"的一声，球应声入网。"好一个三分球，真漂亮，可以和约翰逊相媲美了！"队友们向我竖起了大拇指。看球的大人们也送来了阵阵掌声。此刻，我就像站在五棵松篮球馆接受球迷们的顶礼膜拜似的。在接下来的比赛中，双方各有千秋，比分总也拉不开，最后比赛进入了白热化阶段。

时间不等人，眼看比赛就要结束了，而我队却落后了一分。这时，我抢断成功，只见前方有两名队员防着我，我第一反应就是：拉杆上篮！于是，我助跑两步，再腾空一跃，手在空中玩了一个假动作，晃过了这名防守队员。接着，我迅速地用左手托起球，并用右手将球投出，只见球在空中划出一道美丽的抛物线，向篮筐飞去。可球在篮筐上弹了几下后又顽皮地跳了出来，我傻眼了！更糟的是我起跳后，身体在空中失去了平衡，人重重地摔倒在了地上，而且膝盖磕到了一颗小石头上，刹那间我感觉到了一股钻心的疼。好在后面上来的队友将球补进，我队才以一分微弱的优势勉强拿下了这场比赛。

坐在球场上，我与好友们兴致勃勃地谈论着刚才的比赛。"嘿，响哥（本人的绰号），今天真给力，那个拉杆上篮做得太酷了！"

"可惜了，球没进，如果进了我就可以上NBA每日五佳球了'！"我还是有点儿惋惜。

"进不进都已经不重要了，重要的是你做了一个我们谁也不敢去尝试的动作，而且你轻松地晃过了两个人的防守。这才是我们真正佩服你的地方。"

那天夜里，我梦到了自己拉杆上篮的情景：每个动作是那样的逼真，空中的抛物线是那样美丽！

嗨，人生何尝又不是一场篮球赛？我们双眼盯着那个跳动的球。接球，运球，投篮，进球，这不正是我们为之心跳、为之热血沸腾、为之湿透衣襟的目标吗？当我们被人阻挠的时候，我们怎能就此放弃呢？或许我们会摔得很疼，有时甚至没能让球碰到篮筐，但千万别因此而熄灭胸中燃起的烈焰！抛开杂念，去奔跑吧！当我们手捧飞来的篮球，身体腾飞在空中的时候，我们就已经在铸造生命的美丽了！

原来，你也如此美丽

秦　伟

在我的世界里，只有那些在硝烟里抛头颅洒热血的人才算美丽；

只有那些为理想不懈奋斗并取得卓越成就人才算美丽；只有那些能站在世界最高领奖台上手捧金光灿灿的奖杯的人才算美丽；也只有那些能站在七彩镁光灯下一展歌喉的人才算美丽。可我未承想到，原来，平凡的他在我眼里也是如此的美丽。

去年暑假，我与父母一同来到了武汉。一天下午，我独自前往超市购物。路过人行道时，满地的宣传单让我唏嘘不已，这城里人怎么这么不讲公德呀，宣传单看了就往地上丢，武汉还是我们的省城呢。我弯下身子随手捡起几张扔进了路边的垃圾箱里。我正欲扬长而去的时候，一个高瘦高瘦的青年映入了我的眼帘，只见他慢慢地蹲下身子，弯下腰，将传单从地上一张一张地捡起来，并折叠成一沓，扔进了垃圾箱。接着又蹲下身子……此时，太阳像一个热烘烘的大火球火辣辣地烤着整个街道，他的衣服已经被汗水浸湿了。我不禁在心里暗笑他的迂腐：这满地的宣传单，单凭他一个人怎么能捡完呢，更何况还有人在不停地扔呀。

他好像发现我在注视着他，冲我憨厚地笑了笑，便继续捡那满地的宣传单。我没再多想，走进了超市。

过了大约半个小时，当我从超市走出来的时候，我被眼前的一切惊呆了：刚才满地的宣传单不见了，人行道上几乎一尘不染。只见他蹲在垃圾箱旁整理着他捡的这些垃圾，他的那张朴实的脸已被太阳晒得通红通红的。更让我惊诧的是，那些手拿宣传单的人径直走到垃圾箱旁，把宣传单扔进了垃圾箱内，在我的视野范围内再也没有人往地上扔宣传单了。此刻，我开始对他肃然起敬，同时又为自己刚才的想法感到惭愧。我突然发现，这一尘不染的街道，这捡宣传单的年轻人，还有不再往地上扔宣传单的行人一起构成了一道美丽的风景线。

他，只不过是一个平凡得不能再平凡的人，而他却用他的一举一动感染了他身边的每一个人，甚至改变了我固执的想法。也许在他人或是以前的我看来，他是迂腐的，但今天的我却发现：平凡的他也是

牙膏与盐

陈熙文

生活处处皆学问，平时一些鸡毛蒜皮的小事，也能反映出一些深刻的人生哲理。我对此就曾有过真切的体会，那次新特惠超市购物兑奖的经历至今还让我记忆犹新。

一个阳光明媚的周末，我听说新特惠超市有购物兑奖活动，我便兴高采烈地拉着爸爸去新特惠购物。我在心底默默地祈祷：但愿今天运气不错，中个好奖品。一进超市，我开始狂选，此时我可不管爸爸的腰包了。到收银台打完价后，我心里一陈窃喜：我买的物品的总价达到了赠送奖品的标准，哈哈哈……来到超市总服务台，按照超市规定，此时我们所兑奖品有两种选择：一是一元钱一袋的盐，一是三元一袋的牙膏。这时，我与爸爸开始争论起来。我不假思索地说："要牙膏吧，牙膏比盐钱值钱，划算！"而爸爸却不同意，并斩钉截铁地反驳我："就拿盐，盐实用，正好家里的盐也快用完了。"我也毫不示弱："盐没了可以再去买，这明摆着牙膏比盐多两元钱，怎么不选择牙膏呢？……"爸爸拗不过我，只好同意我的选择拿了一盒牙膏。

回到家，我迫不及待地将兑奖的牙膏摆在洗漱架上，它站在漱口杯里似一位凯旋的将军，威风凛凛。我好奇地打开牙膏盒，小心翼翼地把牙膏挤在牙刷上，放在嘴里上下左右来回运动。刚开始时还有一股牙膏味儿，可慢慢地，牙膏味消失了，接着泡沫也没了。凭着以往的经验我已不能否认：我挑了一管毫无用处的劣质牙膏。我开始后悔了，但为了给自己留点儿面子，便一声不吱地走出了洗手间。

晚上，爸爸走进洗手间，我心里默默念叨："上帝保佑啊，爸爸，你可千万别用那管新牙膏。不然我又要遭你嘲笑了。"正当我冥想时，爸爸从卫生间里探出头来了："这牙膏怎么这么劣质呀！"我见状，不好意思地朝爸爸挤了挤眉："呵呵呵……今天咱运气不咋地。"爸爸笑了笑，摸摸我的头，语重心长地对我说："我说得没错吧，要盐实用。牙膏虽贵，但它不是物有所值。今天的这个教训你应该铭记于心哟。"

更令人郁闷的还在后头呢。

第二天，正当我与同学在网上聊得正酣时，在厨房忙碌的妈妈开始"呼唤"我："李响，盐没了，快点儿下去帮我买袋盐，我急需。"我这时哪里舍得离开啊，就装作没听见。老妈见我没动静又跑到我跟前，见我一动不动，向我吼道："还不快去！"还准备去关我电脑。我无奈，只得悻悻地离开了。下楼时，我又想起了昨天的事，更加后悔了。如果当初听爸爸的兑了盐，现在就不用我跑这一趟了。

唉，活该！

咱班的班委会

龚 涛

每一个班级中，最重要的莫过于班委会。现在，我就来帮你认识一下咱们班的"八嘎部"（班干部）。

上 层 干 部

咱班的上层干部的代表当然是"一人之下，万人之上"的雷梁臣。老雷在工作上认真负责，在学习上也不马虎，数学成绩在班上名列前茅。除此之外，他最大的优点就是人缘好，同学们没有不羡慕他这个优点的，因此，在"班干部满意度"评选活动中，他总是遥遥领先。

除雷班外，还"手握大权"的人就只有团支书和副班长了。她们都是巾帼，她们人缘虽无法与雷班媲美，但学习成绩特别优异，可是我们全班学习的榜样哟。

中 层 干 部

中层干部当然就是学习委员及各学科的学习代表啰。学习委员杨浩杰，学习成绩没话说，一个字——棒！可在行为规范方面，没少挨老雷与老班的批评。所以呀，在人缘方面，有点儿不太可观。

各科的课代表可谓是"妙趣横生"，他们每人都有一种独特的性格。语文课代表是"慢"，语文作业要语文老师一催再催才交；数学课代表是"懒"，老师布置的作业经常不做，所以交作业也就拖拖拉拉，但数学成绩也特"牛"；英语科代表是"火"，看到谁交作业太慢了或是不交，他就会大发雷霆；政治科代表是尽职尽责……

基层干部

咱班的基层干部官不大，可名气不小，很多精英都在其中。例如全年级第一名、三组组长毛丽丽。她的成绩可谓是无人能敌。因此，同学们给她取了个外号"猫利利"。

据最新消息透露，由于现在班干部内部出现了一点儿矛盾。老班决定重新"组织内阁"。因此，现在班上又掀起了一阵"拉票风"……

哈哈哈……好戏即将开台……

145

少年汤孜怡

艾予洲

我认识汤孜怡时，她才十岁。看她一脸瞧不起的表情，我心里很不高兴。于是我和她几乎每天都打架，我们追着打，赶着打。搞得绘本馆成天鸡犬不宁。但过了一段时间后，我发现她并不是我心中那种瞧不起人的人。

她特别怕鸡，我是在不经意间发现的。在今年过春节时，我发现了一段关于鸡拜年的视频，特别有趣。我想：好的东西是不能独吞的。在与汤孜怡吃饭的时候，我便拿出手机与她一起分享。没想到，她一看便闭上了眼睛，用一只手扶着桌子，头转向了另一侧，害怕得大叫起来。我想：这么高冷的汤孜怡还怕鸡，她好像也没有那么了不起。

后来，我跟着她看了一场电影，彻底改变了我对她的看法。她对我说："选座位时，我们不要选靠前的，这样对视力不好。"接着，她问我："你喝什么？"我惊奇地看她一本正经地问我，我不好意思地回答道："可乐。"她递给我可乐，应该是我喝得太急，不小心呛着了，她连忙给我拍后背，还递给我一张纸，说："慢点儿喝，以后碳酸饮料要少喝，对身体不好。"

从那以后，我们便成了好朋友。

藏在饭菜里的爱

邹芷晗

一个人的成长，凝聚了多少人的爱。他们默默地日夜操劳，不图回报，我的奶奶就是这样的。岁月在她的脸上刻下的条条皱纹，便是最好的见证。

我的奶奶年近六十了，她身上具有很多奶奶身上所具有的品性——勤劳，朴实，善良。

我进入初中后，随着学习任务的加重，休息时间的减少，日益疲惫的我食欲越来越差。奶奶为了让我吃好，每天总是变着花样给我做好吃的，一个小小土豆，她能做成酸辣土豆丝，土豆饼，还有炸薯条……炸薯条是我最爱吃的。她每顿饭还要做到荤素搭配。街坊邻里对奶奶的厨艺都赞不绝口，每天中午和晚上我总能吃到可口的饭菜。

更让我感动的是奶奶每天深夜还给我做各种消夜，我每天五点半吃完晚餐后要继续上晚自习，十点钟才下课。奶奶总觉得我晚上会肚子饿，所以她每天深夜又会给我做好吃的，并送到我的家里等我放学回来（我们和奶奶不住在一起，但离得很近）。有时是一碗面条，有时是一碗饺子，有时还会是几个煎鸡蛋……一周之内我从没有吃过同一样东西。

记得去年冬天的一个晚上，奶奶得了重感冒，父母都去出差了。吃晚餐时，我就跟奶奶说今晚的消夜就别做了。下晚自习了，我走出教室，一股刺骨的寒风迎面扑来，我不禁打了个寒战。校园外的店铺都早早地关上了门，街上也空荡荡的，行人们都躲进了家里，荒凉的街道上只剩下几棵树在寒风中不停地颤抖。我在学校的小卖部买了点儿零食就直往家奔去。跑到楼下，我看见我家的灯亮着，我以为是爸妈提前回来了。我三步并作两步跨上楼梯，走到家门口，我惊奇地发现：奶奶倚在门框上，像往常一样满脸欢喜地等着我回家。我一踏进家门，就闻到一股面条的香味，我走进餐厅发现一碗热气腾腾的面条摆在餐桌上。再看看一脸病容的奶奶，我的心为之一震。尽管我的肚子不饿了，可我为了奶奶的这一片心意，我还是拿起了筷子。当面条滑到我嘴角的那一刻，我的心热乎乎的，这一根根香滑的面条不正凝聚了奶奶对我深深的爱吗？奶奶坐着餐桌旁，亦如往日等着我吃完后再回家。我快速地吃完面条，送奶奶走出家门，看着奶奶晃晃悠悠地走下楼梯，我的鼻子酸酸的："奶奶，谢谢您！"奶奶回过头来："傻孩子，跟奶奶说什么谢谢呀！小卖部的东西吃多了对身体不好。只要你身体长得壮壮的，奶奶就高兴了。"

是啊，普天下有多少爷爷奶奶们，他们为了子女们的成长耗费了前半辈子。到了晚年，他们本该安享晚年了。但他们却闲不住，为了子女能安心工作，为了孙儿们能健康成长，他们还在继续奉献自己。我的奶奶就是这万千爷爷奶奶们中的一个。

温暖的旅程

龚含月

148

过年时，和父母一起走亲戚，顺便爬了一次黄山，本是一次普通的旅行，却给我带来了不一样的体验。

我们来到黄山脚下。抬头仰望着它。它宛如一尊大佛耸立在那儿，动也不动；又似一位站岗的哨兵，坚守岗位永不退缩。它披着一层绿衣裳，却又不是同一种绿，深浅不一，看起来极富层次，让人感觉充满生机。那一棵棵大树，一簇簇绿叶，都散发着迷人的清香，令人好不惬意！

我们开始向山顶"进军"，"一步一个脚印"，一边哼歌一边欣赏沿途美景，乐此不疲。我们畅快地交谈着，丝毫不在意天上毒辣辣的太阳，沉浸在这山水风光之中。

可过了一会儿，我似乎有些吃不消了，速度越来越慢，耳旁谈笑声也越来越小，抬头一望，人呢？哼，他们几个"叛徒"，竟然将我一个人丢在这里！唉，自己爬吧。我越来越累，头无力地垂着，嘴里不住地抱怨，腿也有些酸软，手拿着纸巾擦着额头。突然，一根小木棍伸到我面前，抬头一看，竟是一个七八岁的男孩儿，一张小脸圆圆的，略带红色，他说："姐姐，你走不动了吗？我可以拉着你走。"他笑了，多么灿烂。

他拉着小木棍那头，我拉着这头，向上走去。那木棍仿佛有一种神奇的力量，促使我迈开步子，尽管太阳火辣，但我只感觉到一种适宜的温度，化成一股暖流，在我心中流动。

慢慢地，我们爬到了半山腰，两人头上都冒出了细细的汗珠，我停下来，拿出纸巾为他擦去细汗，他又勾起嘴角："谢谢！""不用，是我应该谢你才对！"那笑意更深了，他仿佛因这一句话就充满了活力，又鼓起劲儿，拉着我，一口气走到了山顶。

望着那巍峨壮丽的群山，又望望身边的小男孩儿，他的衣服早已被汗水打湿，可他竟没抱怨一句，我不知道该如何报答他，只诚心诚意地说了句："真的谢谢你啊！"他仿佛有些不好意思，笑着跑开了。我体会到了温暖的味道。

149

回头一看，父母在远处等我，我便扑向他们怀中，诉说山上趣事……

这次旅程，赐予我无限温暖。

吉吉与雪狐

李杰睿

在雪山的深处，生活着一种能自由变成人的雪狐，它非常通人性，如果抓住它并加以驯服，它将会满足你的任何愿望。

这一天，猎人吉吉又坐在广场的枯木上开始吹牛了："你们知道那个传说吗？我就抓住了一堆那种雪狐，你们谁要买？"

村长不相信地说："我全买了！"又故意拖长了调子，"不过——你要是骗了我，就给我十只猪！"

"好！"吉吉也不甘示弱道。

对了，忘了给你介绍他了，猎人吉吉其实是个好吃懒做的人。在雪山中，猪呀，羊呀都是很宝贵的，所以吉吉第二天天还没亮就去雪山找雪狐了。

可他不善于辨别方向，因此他迷路了，他在雪山中走啊走啊，转呀转呀，不知不觉已经走到了深处。突然一只雪狐在他面前变成人形，吉吉愣住了，它对吉吉说："我可以把你带出去，但你不能告诉别人我和我的家人在这里。""好！"吉吉爽快地答应了。

一眨眼，吉吉就回到了家中。虽然他好吃懒做，但他言而有信。

下午他就去买了十头猪给了村长，但也因此变成了穷光蛋。

他无路可走，只好又来到雪山，居然又见到了那只雪狐，它还带着它的老婆和孩子，它们露出惊慌的神色。

突然，雪山发出地动山摇的崩裂声，吉吉心想：惨了，我要死在这里了。可是，雪狐把手一挥，雪崩缓缓地停止了。吉吉瞪大了眼睛，他简直不敢相信这是真的。

雪狐问他："你为什么不回家？""为了帮你保住秘密，我变成了穷光蛋。"

雪狐感动了，邀请他和它们一起生活。

又是一年秋

甘小凤

凋落的时光，断了的回忆，都已随风远逝。

——题记

枯黄的树叶在风中凌乱飞舞，凋落。这条小路上已铺满秋叶，看着熟悉的周围，心中微微颤抖。又一个秋天到来，伤痛弥满心头。光和影在指缝间匆匆交错，睡意蒙眬的眼里，那人是谁？

记忆中，你总是嘿嘿地朝我笑，满脸的皱纹聚在一起像一朵盛开的野菊，你不善言辞，一副地地道道庄稼汉的样子。

你常常故意用你那硬硬的胡楂儿来扎我柔柔的小脸，但我总是把你推开"不要，我不要"。

你那双拿惯了镰刀和锄头的布满老茧的手，总能把我的小手全部握在掌心。我屁颠儿屁颠儿地跟在你后面，嘟着嘴说："爹爹，牵。"你总是嗔怪道："快走哇。"然后向前走去，一步步引领我向前。

你常常在夕阳未尽之时，倚着红木躺椅听着收音机里的京剧。静静地等待着因贪玩而迟归的我，然后一边责怪，一边说："乖乖，咱们今天吃个童子鸡怎么样？"

农忙的时候，你常会坐在门槛上一边叹气，一边敲鞋底的土，或是在门槛上坐一个中午，在松树荫下优哉游哉地抽着旱烟。有时你会摸我的头说："看，囡囡都长这么高了，成大姑娘了咧。"我总会努力地踮起脚说："我还可以更高。"你只是微微笑着，却什么也不说。然而，那时我却没有发现你渐渐黯淡的目光，没有看见你日渐伛偻的背。

时光总是这样匆忙，总在不经意间流逝，我还没有来得及端详你那慈祥的脸，你怎么就从我手中流逝了呢？

看着被秋风吹开的门扉，吱呀吱呀在风中摇曳，我所爱的人呢？

好久，我辗转难眠。

陪你一起走天涯

鲁康平

"呼——"我嘟起小嘴，轻轻呼出一口气，绒球般的蒲公英在空中飘散开来，看着蒲公英的种子越飞越高，离我越来越远，心中隐隐

有些不舍。

打我记事起，妈妈每晚都会带我到堤上散步，教我认一些小花小草。第一次见到蒲公英，便喜欢上了它。蒲公英像一个个白色的小绒球一样，在风中轻轻摇曳。妈妈告诉我，等春风一吹，它便会飞起来，那洁白的蒲团忽散开来，在空中飘荡，飘到天涯海角，找到新的归宿，培育出下一代。稚嫩的我只觉得它很神奇、有趣、漂亮，但随着年龄的增长，我渐渐明白了，蒲公英是怀揣着一份期望，在天地间飞翔，它渴望找到属于自己的一方土地，结出希望的果实。

今年的春天来得甚早，伴着一阵春雨，一缕春风，一声春雷，春便不知不觉地来了。

爱游山玩水看风景的妈妈拉着学业繁重的我出来放松，寻找春的足迹，"看，小草绿了，野花开了，树叶发芽了，还有遍地的油菜花……"妈妈一口气说了一大堆，却没有一个令我兴奋。我飞快地转动眼球，在堤坡上那些盛开的野花中寻找那隐藏的一点白，妈妈看出了我的失望，便把手伸向我眼前："瞧，在这儿呢！"我双眸顿时亮了起来，惊叫一声，双手小心翼翼地接过它们，嗨！我们又见面了，你从哪儿来的？将要到哪儿啊？我看到一年不见的"小绒球"，不禁开始与它对话。我们在堤上跑着、闹着，摘了些大的"绒球"，想让它们飘向天涯海角，去自己梦寐以求的地方，去繁殖、生长，让期待它们的人们早早与它们问候。

153

快乐的时光总是短暂的，天色渐黑，我们该回家了，我想帮一帮蒲公英，让它能早日飞翔，走天涯。于是，我深吸一口气，憋了许久，才恋恋不舍地将它们吐出，蒲公英带着我的希望和祝福飘向远方，我目不转睛地望着它们，挥手告别，直到那一点点白在橘黄的天边消失……

看着妈妈的模样，我在心里暗暗发誓，我一定会带上妈妈的期望，带着梦想，像蒲公英那样勇敢地飞向远方，陪你一起走天涯。

陪你一起走天涯

写给妈妈的信

李 响

亲爱的妈妈：

您好！一晃十几天过去了，心中不免有点儿想念。在感恩节即将到来之际，我要感谢您，就像鲜花要感恩雨露，苍鹰要感恩长空，游鱼要感恩大海一样。

妈妈，因为我从小偏食，体质差，隔三岔五地感冒，为此让你和爸爸吃尽了苦头。您还记得吗？有一年的元宵节，我高烧四十度，而且一直降不下来，无奈之下，您把我送到了县中医医院，当家家户户都在团团圆圆地收看元宵晚会的时候，我们一家却在医院度过了一个特别的元宵。经检查，我已经染上了肺炎，在医院里一住就是七天，七天里，您寸步不离地照顾我，等到我康复出院的时候，您却瘦了。回到家，为了让我的身体更强壮，您为我买了最好的牛奶，这一喝就是九年，渐渐地，我成了运动场上的健将。这难道不是您的功劳吗？

妈妈，您不仅是我的妈妈，您还是我做人的好老师。有一次，我和小朋友一起玩火，一不小心，我把一块燃着的塑料拨到一个小朋友的脸上。我吓坏了，马上丢下木棍，一溜烟儿地跑回家。最后小朋友的妈妈还是到您那里参了我一本，我满以为您会打我一顿，然而你却不声不响地拉着我来到小朋友的家，要求我向他道歉，第二天，您又

陪着他到县皮肤医院进行治疗。妈妈，这件事对我的触动很大，您用行动教育我怎样去做一个勇于负责任的人，做一个诚实勇敢的人，您的教诲，我将终生铭记。

妈妈，您用行动告诉了我，什么叫坚持。以前的我，做事喜欢半途而废，您为了给我做榜样，准备报考研究生，但对于只有中专文凭的您来说，其难度不言而喻，就算您每天五点钟就起床，晚上学习到十二点，可连续几年都还是与华师失之交臂。我曾劝您别考了，可您却说，"如果我放弃了，那么，这几年的辛苦就白费了，有可能下次就能考中呢。"终于，苍天不负有心人，您终于如愿地考中了华师的研究生。经过这件事，您让我懂得了什么叫坚持。

妈妈，羊有跪乳之恩，鸦有反哺之义，更何况是人呢？在未来的人生路上，我将化感恩为力量，迎接灿烂的明天！

您的儿子：李响

2009年11月7日

155

美丽的天河公园

冯天佑

在我国南方，有一座美丽的城市，名叫广州。那里有许多美丽的风景，比如：风景优美的白云山、五光十色的广州塔、十分陡峭的火炉山等。其中我最喜欢的是天河公园。

天河公园一年四季，葱葱茏茏。园内生长着许多热带树种和灌木，有树干笔直的大王椰子树，有胡须长长的榕树，有开粉红鲜花的紫荆花树，还有叶子像鸭子一样的鸭脚木……他们大都四季常青，永不落叶。

天河公园到处都是美丽的风景。如果你从南门进，首先映入眼帘的是形态各异的大花坛。花坛里常年盛开着五颜六色的鲜花，红的像火，黄的像金子，紫的像紫薯……它们静静地伫立在花坛中，就像一位位仙女，也在欣赏着天河公园的美景。

从南门往下走，你会看到一个巨大的中心湖。阳光照耀时，湖面波光粼粼，这让我想起苏轼的名诗"水光潋滟晴方好，山色空蒙雨亦奇"，不过这里没有山，只有绿树环抱。傍晚，夕阳把湖水染成了红色。晚上，满园的路灯齐刷刷地亮起来，就像一个个明亮的小太阳把整个公园照亮了，湖水又神奇地变成了银色。

从中心湖往东门方向走，经过翠竹广场，你就会看到一大片竹林。到夏天时，一阵风吹过，整个竹林就像绿色的海洋掀起一阵阵波浪。

这么美丽的天河公园，你说我怎么能不爱它呢？

雨中的花坛

彭欣然

下雨了。

踩着水走入文化园，地上几片发黄或发红的叶如小船般漂在水洼里，被雨水晕开的清圆涟漪还未散去就被新的涟漪覆盖。

虽说已至秋天，但园中还满是欣欣向荣之意，再加上雨的洗礼，连空气中都充斥着愉悦的因子。

抬头望去，那银色的雕塑就这样立在园里的正中央，不锈钢扭成的优美的曲线，让那钢质的雕塑生出几许柔美之感。似至宝一样被曲线高高捧起的是一颗棱角分明的多面球，雨水顺着那多面球流了下来，形成好看的雨幕，给雕塑披上了一层缥缈的面纱。整个雕塑都是雾茫茫的，只有那多面球似星星般在顶上熠熠生辉，曲线的表面被雨水冲得光滑，像镜子一样映出园内其他景物的影子，让那雕塑上染上其它颜色，那些颜色混乱而融洽，煞是好看。

走近了，向下看去，那雕塑的底部是由混凝土和白色瓷砖筑成的圆形底座。底座的第一层放满了青得发亮的一叶兰，几株一叶兰簇在一起为一盆，每株都挺拔地立着，还不忘用那绿色逼你的眼，生机勃勃的，毫不为秋天的到来而发蔫发黄。紫到发黑的紫罗兰占领了下一层的空间，它们在雨水的冲刷下越发娇艳，宛如一颗颗紫水晶，在雨中闪烁着。这块水晶里，包着绿的三叶草，红的海棠花，将紫罗兰点缀得更加美丽。

去了，去了。那一抹银色又在雨中模糊了，这让它显得神秘而虚无，好似一位着银白色丝绸的仙女，展示着常人无法做到的高难度舞姿。那一盆盆植物也变成一个个可爱的精灵，在风中与仙女一同舞蹈。雨越下越大，转眼间，仙女已在雨幕的遮挡下离了场。

好一个雨中的花坛！

天门山游记

吴唐颖

暑假里，爸爸想让我们领略一下祖国的大好河山，增长一下我们的见识，决定带我们去湖南的张家界天门山爬爬山。

那座山是天下闻名的天门山，我站在天门山山脚抬头望啊，顶峰是那么高，像在云彩上面哩！心里不由想，我爬得上去吗？爸爸看着我紧张的样子，不由得笑了，原来是乘缆车上山的。缆车上真是惊险！悬在半空中，一会儿上升，一会儿下降，时而快时而慢的，有时还抖动一下，弄得我们提心吊胆的。好不容易到了山上，我往下一看，哇，地上的房子、汽车都变得小极啦。山顶，人来人往的游客真多，热闹非凡，可把我兴奋坏了！在游览的过程中，我还遇到了很可爱的小猴子，不怕人，成群结队地向我们乞讨食物，我拿出一把花生，一只小猴子马上跑过来拿了去，一粒粒地吃起来，爸爸趁机给我和小猴子拍了一张合影呢。大山脚下还有一条溪流，很清澈，很多游客在水里嬉闹，我也和小伙伴一起跑进小溪里，玩起水来，开心极了。

傍晚时分，太阳要落山了，天空慢慢变成红色，周围的光线也渐渐暗了下来，美丽的天门山给我留下了深刻的印象，我不由得轻吟起了著名唐代诗人李白的《望天门山》："天门中断楚江开，碧水东流至此回。两岸青山相对出，孤帆一片日边来。"

从天门山的美丽，我领会到祖国的美丽，真想高喊一声："祖国，我爱您！"我多想变成天门山的一粒种子，变成天门山上树上的一片叶子……

"疯狂"的公交车

范王庆

暑假到了，我随爸爸一同来到了省城武汉，准备在这里度过一个开心的暑假。

这个全国有名的大城市(有人曾笑称她为全国最大的县城)，给我印象最深的，莫过于挤公交车了。来到街上，看着这里摩肩接踵、行色匆匆的路人和川流不息的车辆，我这个在乡下松散惯了的农村娃一下子迈不开步，我不禁感叹道：人可真多呀！这时，一辆公交车飞奔过来，让正发呆的我吓了一跳，连跑的力气都没有了。没想到是虚惊一场，车一个急刹，停在了我的身旁。还没等我弄明白是怎么一回事，等车的人就像燕子飞一样挤向车门，我和爸爸一起不由自主地被挤上了车。

本以为上了车就可以轻松一把了，可是让我大失所望，车上的人比下面还要挤。好不容易找了一个站的地方，还没来得及站稳，公交车就像一头发怒的狮子，冲向了它的下一个目标。同时车内广播响起了优雅的电脑提示音：乘客们，尊老爱幼是中华民族的美德，请您主动为身边的老人、小孩儿和孕妇让座。我心想，连个站的地方都没有，还让座？可笑！正在我浮想联翩的时候，突然，公交又来了个急刹车，站在走廊里的人齐刷刷地向前倒去，串串唏嘘声不绝于耳，好在我手抓得挺牢才没有摔倒。我抬头一看，差点儿晕倒，前面的车排成了一条长龙，刚才还在飞奔的公交一下子就像陷入泥潭的狮子，动弹不得了。唉！耐心等吧。不知过了多久，公交车终于又恢复了疯狂，似乎是为了把刚才的损失夺回来，车跑得更快了。我不由得想起了五一节五峰旅游的经历。盘山公路上，由于车速太快，差点儿摔下悬崖，好在司机机敏，我们才躲过一劫。所谓的"一朝被蛇咬，十年怕井绳"正好在我身上得到了验证，自此以后，我对车的快速行驶有了一种本能的恐惧。真是怕什么遇什么啊，此刻，一辆献血车向我们所乘公交车冲过来。我吓得害怕地闭上了双眼。好在又是一场虚惊。这时，坐在我这旁边的一位老伯伯说话了："小朋友，刚来武汉吧，告诉你，武汉的公交车是全国最快的，不过，不要担心，这些司机的技术都是一流的。"听了他的话，我的心总算是落下来了。

到站了，我在前拥后挤的人流中钻下了车。呼吸着车外清新的空气，我不由得感叹：武汉的公交车可真"疯狂"啊！

萝卜佳肴

罗盼棋

你们用萝卜做过美味佳肴吗？今天，我可做了一回。

我先把一个个沾满泥污的萝卜用清水洗干净，萝卜焕然一新，露出了雪白的皮肤，像婴儿柔嫩的小脸一样光滑透亮。接下来，我要替萝卜娃娃脱去那身洁白的外衣。我拿出削皮刀，轻轻一刮，好滑呀，萝卜们好像不愿意脱去那外衣似的，刮也刮不掉。我加大力气，猛地一刮，萝卜终于被我征服了，露出了晶莹多汁的肉，一股清香沁入鼻尖。

　　切萝卜又是一大工程，我拿出砧板，取出刀。从来没有用过刀的我对萝卜无从下手。在奶奶的指点下，终于把萝卜切成了一片片的，白嫩嫩诱人的萝卜肉把我馋得垂涎欲滴。我抓起一片塞进嘴里，"哇，好辣！"我"噗"地一下就把嚼在嘴里的萝卜全吐了出来。"哪有这么难吃的萝卜的？"我小声地嘀咕着，我又拿起一片让奶奶也尝尝，奶奶却咂巴着嘴笑着说："不错嘛！脆生生的，挺好吃的。"我觉得很奇怪，怎么那么难吃的萝卜，奶奶却认为好吃呢？期待加工后的萝卜会截然不同。

　　因为我是第一次下厨，所以想做一些简单的。今天我做的是花样萝卜丝，切的时候要注意小心手指，切得越细越好。在奶奶的帮助下，我打开煤气灶，蓝莹莹的火苗舔着锅底。我在锅里倒了点油，等油热了以后，我踮起脚尖，将切好的萝卜丝倒入油锅，顿时，锅里发出滋里啪啦的声音，油花四溅，锅子冒青烟。我小心翼翼地拿起锅铲，靠近锅子，上下翻炒着。大约五分钟后，我加入盐和鸡精，然后盛在圆盘子里。撒上事先准备的葱花，然后在萝卜丝的中间摆上了几片红萝卜，再在周围围上了一圈黄瓜片。大功告成！一盘色香味俱全的花样萝卜就出炉啦！

　　闻着诱人的香味，我迫不及待地拿起筷子，品尝着自己亲手做的萝卜丝。哇，真是别有一番风味哟！

　　看着大家吃得那么开心，我高兴地笑了。

美味大餐

阳芊芊

"耶——考试终于结束了！"

"芊芊，明天你好好放松放松，我们去吃牛排吧！"

"好嘞！"

牛排，我已经想了很久了。

第二天，我的心情格外好，拉着爸爸妈妈往那个地方跑，餐厅在二楼，可我刚到楼下，就仿佛闻到了香味。

香味牵引着我来到二楼。哇，真漂亮！有包间，也有露天餐厅，轻柔的音乐缓缓流淌，柔和的灯光与鲜花相映成趣，我急忙跑到一个小房间。"真舒服！"屁股早已粘在沙发上了。

菜单来了，品种真多呀！这个我想要，那个也想要，最后爸妈选中了一套牛排套餐，看见图片，不用说，口水都要流出来了。

我一刻也等不了了，可时间像跟我作对，十五分钟，半个小时，时间真漫长呀。

"滋——滋——"牛排终于来了，我期待已久的牛排，瞧，它全身上下都是棕色的，看起来油光光的，还有一些"线"装饰，一个跳动着的鸡蛋、一团意大利面陪着它呢，真香！

我拿起光滑的刀和叉，开工啦！用叉子按着牛排，沿着叉子切

下一小块，我吃得狼吞虎咽，"慢点儿吃，被烫着！"妈妈笑着说。我又切下了一块，学爸妈优雅的样子小口小口嚼着，嗯，非常有嚼劲儿，咸中带甜，浓郁的酱汁渗透到肉中，鲜嫩又味美。"这就是大快朵颐呀！"我突然就想到了这个词。

爸爸妈妈看到我沾了酱汁的嘴，变成了小花猫，哈哈哈地笑了起来……

悠悠糍粑香

肖智宇

我家在长江中下游一个名叫公安的小县城境内，公安县号称"百湖之县"。公安的水美是无可争议的，但对于我这样的吃货来说，家乡的迷人之处何止是水，那具有浓浓家乡风味的糍粑，让我一看，就已垂涎三尺，品着它，家乡的风土人情就会从那柔而不腻的糍粑中慢慢溢出。

新春佳节到来前夕，家家户户都忙着过年，其中最主要的一项就是打糍粑。我们这儿打糍粑通常都是邻里或亲戚几家一起打的，这可能是为了增进相互的感情吧。

首先是选料和淘料。先将当年收获的优质纯糯米用清水淘洗干净，浸泡十小时左右后倒入箩筐内沥干。这时的糯米吸足了水分，宛如一粒粒洁白、晶莹的珍珠。

接着是蒸料。在一个木制大甑桶的底部铺一块白色的纱布，然后把它放到煮着沸水的大铁锅上，让蒸气在空桶内停留十来分钟，继而将糯米倒入甑内再盖上甑盖蒸煮。这一步关键是掌握好火候，火不能太大也不能太小，所以人们往往拿出早就晒干的木柴，且由专人烧火，持续蒸煮约一个小时后，糯米饭的清香就随着热腾腾的蒸气弥漫开来。再加大火继续蒸半小时，就可以出甑打糍粑了。

打糍粑会用到糍窠、糍椎、糍刮、糍板等工具。糍窠有木制的和石制的，其形状呈圆形，四周凸出，中间凹成槽状。打糍粑之前，先要将甑内热气腾腾、香气扑鼻的糯米饭倒入槽中。这时，人们都争着去抢糍窠内的糯米饭吃。据说，这预示着在新的一年里，你与朋友相处就如糍窠中的糯米饭一样融洽，你来年的生活就会如香喷喷的糯米饭一样又香又甜。

"趁热打糍粑，五谷丰登一年发。"正式开始打糍粑了，要用到糍椎，糍椎是一截拳头粗、长约一米的木棒，一端是尖的，另一端是有个小木棍的椎把。打糍粑时，人们左手抓紧椎把，右手按住椎棒，呈入旋转状一上一下地擂，待糍窠内的糯米饭呈糊状时才停止擂，而后开始上下拍打。在家乡打糍粑通常是几个人一起合作的。我想这也正体现了邻里之间的互帮互助、和谐相处吧。每当打糍粑时，我会站在一旁，看着糍椎上下飞舞，听着"嘿——哟——嘿——哟——嘿"的喊声，我总觉得他们做的不是一种很劳累的力气活，而是在表演着粗犷矫健的舞蹈。听着围在糍窠边老人小孩儿的欢笑声，会使你忘掉一切的不快，和他们一起开心地迎接新春。糍窠里的糯米越打越黏稠，有时整窠的糯米都粘在糍椎上，这就要另一人举起糍椎照着粘糯米的糍椎端打下去，粘着的糯米才可脱落。

待糯米被打到看不见米粒并粘作一团时，就用糍刮将它挑起，放在事先洗净并抹上油的糍板上。这时，妈妈们就争先恐后地大显身手，她们将糍粑压成一个圆盘，然后抹上猪油。偶尔会有几个调皮的小孩儿光着脚丫在上面踩来踩去，这时大人们也不阻止，任他们"胡闹"。待糍粑冷却变硬后，大人们就用刀把它们切成一个一个的小方块，然后储存在冰冷的水中，以后再吃，储放在水中的糍粑一直可以吃到来年的端午。每次切糍粑时，大人们总要把切下的第一块拿去祭祖。对此，我不明所以。后来母亲告诉我，这样做是期望先祖能保佑我们万事如意。

啊！难怪糍粑要做成圆的，难怪第一块糍粑要让祖先品尝，难怪我这么钟情于糍粑，原来糍粑在人们心中不但是家人团圆的期盼，而且是来年五谷丰登的象征，更是对未来生活的美好祝愿。

饺香浓浓

周小青

又快到春节了。

我和弟弟坐在电视机前，看少儿频道的动画片《熊出没》。许是春节将至，动画里的动物也在"过年"，说了说饺子的传统故事，还包起了那充满浓浓"年味"的饺子。

看着动画里熊大、熊二津津有味地吃着饺子，弟弟目不转睛地盯着屏幕，两眼发光，我逗趣道："瞧你这样儿，口水都流了一地啦。"他瞪我一眼，突然灵光一闪，起身向房间跑去，一路喊道："妈妈，妈妈，我要吃饺子，吃饺子。"我随即走出房门，只见他双手抓着妈妈的衣襟，向她撒娇。妈妈笑道："好呀，正好我买了些饺子放在冰箱里，今晚咱全家吃饺子！"

弟弟一听，正要手舞足蹈之时，一个苍老而又有些强硬的声音传来："不行！怎么能吃这街上买来的饺子？饺子馅儿我都准备好了，今晚得吃自己包的饺子！"我们一齐望向声音的来源，只见姥姥系着围裙，右手拿着根擀面杖，站在厨房门口望着我们。妈妈微微皱眉："现在过年不比过去，很少有人这么有闲心自己包饺子，街上买的又方便口味又多，您就歇着看会儿电视吧。"没想到姥姥竟生起气来："这包饺子是过年的传统，怎么就不包了？孙女，要不要和我一起包？"姥姥看向我，眼神里闪烁着些许期望。我倒是很有兴趣，说道："好啊，我要包！"弟弟听了，也吵嚷着要加入，妈妈没有办法，便不再管我们，进房里去了。

洗好了手，姥姥将做好的饺子皮放在砧板上，大碗里放着混了各种调料的肉馅儿，散发着淡淡的肉香。姥姥微笑着，对我们说道："自己包的饺子才最香，来，咱们来包饺子！"说着便动起手来。

我们看着那双枯瘦而又灵活的手，三两下便包好一个花边饺子，紧致又小巧，饱满可爱。真不愧是姥姥！我们也有模有样地学起来。不一会儿，我们也包好了一个，自然是比不上姥姥的，不过总归认得出是个饺子。我看向弟弟的，调戏他："看，你的都露馅儿了。"姥姥看着弟弟有些不好意思的样子，慈祥地笑着说："来，乖孙儿，姥姥教你包……"

看见弟弟学得如此认真，我有些好笑。眼神一转，竟看见母亲不知何时站在厨房门口，默默地看着，我喊了声"妈"，她微笑着看向姥姥，说道："您说得对，这过年包饺子的传统咱不能忘，我来和你们一起包。"姥姥听了，满脸欣慰。

"吃饺子啰——"我们一家人将热气腾腾的饺子端上桌，饺香瞬间溢满整个房间。

饺香浓浓，久久不散。